KB267569

사업하는 예수쟁이

사업하는 예수쟁이

이강락 지음

한스컨텐츠

사업을 잘하고 싶다면

경영 컨설턴트라는 직업을 가진 크리스천으로서 오랜 소망이 하나 있다. 이 땅의 모든 크리스천 경영자가 사업을 잘하고 성공하는 것이다. 그분들이 어떤 규모의 어떤 업종에서 일하더라도, 깨끗한 그릇으로서 하나님께 사용되어 하나님 나라 확장에 선한 역할을 하기를 바란다. 그리고 이웃과 사회에 유익을 끼치며 거룩한 변화를 이끌기를 원한다. 또한, 그분들이 재정적으로도 번성하여, 누리고 베풀고 선한 일에 힘쓸 수 있게 되었으면 좋겠다. 내가 미약할지라도 이를 돕는 사명을 받았다고 여긴다. 그 소망을 담아 이 책을 썼다.

예수쟁이가 사업하기 쉽지 않은 세상이다. 남들과 똑같은 경영 환경에 둘러싸여 있지만, 때로는 더 불리하게 느껴지기도 한다. 최소한 하나님 눈치는 보아야 하기 때문이다. 버려야 할 것도 많고 지켜야 할 것도 많다. 하지만 이것은 우리를 얽매는 족쇄가 아니다. 우리를 더 자유롭게 하고 평안으로 이끄는 나침반 같은 것이다. 내가 그 증인 중 한 사람이다. 그리고 내가 만난 수많은 크리스천 경영자들이 자신의 삶을 통해 이것을 증명하고 있다.

예수쟁이로서 사업을 잘하고 싶은가? 그렇다면 혁신해야 한다. 그 혁신은 하나님을 만날 때 시작된다. 두려움과 망설임 없이 하나님 뜻 안으로 들어가면 이루어진다. 안 될 것 같더라도 믿고 내려놓으면 된다. 하나님을 사업체의 주인이자 경영자로 모시고 나는 청지기로서 순종하면 된다. 그럼으로써 혁신이 완성된다. 그 진정한 혁신의 과정을 이 책에 담고자 애썼다.

1장은 나의 이야기다. 자랑스러울 것 하나 없는 실패와 실수의 기록이다. 하지만 이 부끄러운 기록을 통해, 하나님께서 부족하고 무익한 사람의 삶의 자리로 직접 찾아오셔서 이끄시고 은혜를 주신다는 사실을 발견할 수 있기를 바란다.

2장은 내가 만난 여러 크리스천 경영자의 관찰기다. 이들은 규모도 다르고 업종도 다르다. 출신 배경과 경력을 쌓아온 과정도 모두 다르다. 하지만 공통점이 하나 있다. 하나님께 경영을 의뢰하고 청지기의 자리로 내려갔다는 것이다. 그들의 간증을 통해 경영하시는 하나님을 발견하게 되기를 원한다.

3장에는 크리스천 사업가를 위한 내 나름의 권면을 실었다. 1장과

2장에서 확인된 사실을 다시 한번 상기하고자 했다. 기독교적 경영의 구체적인 방법론을 다루고 싶은 의욕이 없지는 않았지만, 다양한 규모와 업종, 인적 특성, 상황과 환경의 특수성 등을 모두 포괄하는 방법론을 담아낼 능력이 나에게는 없었다. 하지만 경영의 원칙은 제시하고자 노력했음을 이해해주시기 바란다.

꽤 많은 크리스천 경영자가 부족한 나에게 컨설팅이나 교육을 맡겨주셨다. 그 덕분에 그분들과 교류할 수 있었다. 형식적으로는 내가 가르치고 도와주는 구조였지만, 사실은 그분들에게 신앙과 경영을 배웠다. 그분들께 깊이 감사한다.

2장에서 소개한 분들을 통해 기독교인의 경영이 어떠해야 하는지를 현장의 모습을 통해 생생하게 알 수 있었다. 소중한 교훈을 주신 정충시 전 오미아코리아 대표님, 스펜서 김 CBOL 회장님, 김병규 아모텍 회장님, 서학수 더웰스인베스트먼트 대표님, 전희인 한국교세라정공 대표님, 강동환 제이시스메디칼 대표님, 임채종 드림스드림 이사장님, 임미숙 리디아R&C 대표님, 박성률 YB인터내셔널 대표님, 황아람 허브 전 대표님을 비롯해 나에게 크리스천 사업가의 경영 원리를 가르쳐주신 모든 분께 감사한다.

크리스천 경영자들이 잘되기를 중보하며 이를 위해 애쓰는 사람들이 꽤 많다. 이 자리를 빌려서 그분들께, 특별히 나와 동역해주신 분들께 감사와 응원의 마음을 전하고 싶다.

비즈니스 선교 분야에 관심을 두고 전문적으로 활동하는 단체를 이끄시는 일터개발원 방선기 이사장님, SFK를 설립하시고 열정적으로 사역하시는 제프리(Jeffrey) 리 장로님, 열방네트웍선교회 이홍훈 이사장님, 글로벌 스타트업 네트워크(GSN) 신이철 대표님, 나우미션 (NOW Mission)의 송동호 대표님과 소영섭 부대표님, 블레싱재팬 홍석표 상임대표님, 인터서브코리아 조샘 전 대표님, 다하나 교회를 담임하는 이해동 목사님께 감사드린다. 이분들과의 교류와 동역은 나에게 나침판이 되었다.

드림스드림을 설립하고 섬기는 임채종 이사장님, 허브공동체를 이끄는 유영아 대표님, 교회 음향 엔지니어 스쿨에서 활동하는 박경배 대표님, 일본 오사카에서 시니어 선교사로 활동하는 강익서·박성순 선교사님, 하우코칭 현미숙 대표님께도 감사를 전한다. 이분들이 하나님을 경외하며 비즈니스 현장에서 생생한 삶을 살아내는 모습에 깊은 존경심을 갖는다.

ESF(한국기독대학인회)는 나의 신앙의 토대를 만들어주었다. 이승장 목사님, 김만성 목사님, 김성국 목사님께로부터 예수 그리스도에 대해 배운 것을 기뻐하며 이분들께 감사드린다.

부족한 나에게 사역에 참여할 기회를 주시고 이를 통해 배우게 해주신 어린이전도협회와 아릴락 등과 같은 선교단체들에 감사드린다. 연변과학기술대학, 한동대학교, 인하대학교, 송도 뉴욕주립대학교 등은 겸임교수라는 직책을 허락하시고 학생들을 만나게 해주셨다. 또한, 성균관대학교 공학교육혁신센터는 10년 넘게 글로벌 캠프를 맡겨주셨다. 나에게 소중한 기회를 주신 많은 단체와 기관들에 감사드린다.

아둘람공동체, 유학생의 미래를 준비하는 모임, 알토스컨설팅그룹, 잇츠, 아이티즌, 이케이텍은 소중한 기억으로 남는 이름들이다. 여기에서 땀 흘린 시간과 추진한 모든 일을 하나님께서 기억해주시고 갚아주실 것이라 믿는다. 수고하며 동역하신 모든 분에게 미안함과 아쉬움을 가득 담아 감사드린다.

컨설팅 분야에서 내가 성장할 수 있도록 아낌없이 응원해주신 고기전 선배님, 오순기 선배님, 김상환 선배님, 윤길호 선배님에게도 감사드린다.

현재 나의 절대적인 지지대가 되어주고 있는 케이알컨설팅(주)의 동료들과 서울 목동에 소재한 평광교회의 모든 교우께 감사드린다.

나의 근원이 되어주신 이기환 아버지께 늘 감사하며 2,000일 전에 하늘나라에 가신 유영숙 어머니에게 깊은 그리움을 느낀다.

항상 양보하며 나를 배려해주신 이강만 형님과 200일 전에 하늘나라에 간 사랑하는 이정화 여동생, 모든 면에서 자랑스러운 동생 이강학 교수를 형제자매로 주신 주님께 감사한다. 이들에게 한없는 사랑을 전한다.

아내 김현미 권사, 큰아들 이태훈, 큰며느리 이주향, 둘째 아들 이지훈, 둘째 며느리 도재경, 그리고 우리 믿음의 유업을 이어갈 손주들인 이은제, 이하빈, 이하담을 위해 기도한다. 하나님께서 허락해주신 가족들로 인해 한없는 기쁨을 느끼며 감사드린다.

사업하는 예수쟁이들이 물가에 심어진 나무처럼 늘 풍성하도록 기도한다.

1장

일터에 찾아오신 하나님

일터에 찾아오신 하나님

불현듯 찾아온 결단의 때

1978년 10월 말이었다. 캠퍼스는 가을 정취로 가득했다. 이 계절은 하나님께서 베풀어주신 형형색색의 축제와 같았다. 푸르른 하늘은 더 밝고 맑아졌으며, 바람이 시원하게 불어 나무 사이를 스쳤다. 황금빛, 붉은빛, 주황빛이 섞인 단풍잎들이 나뭇가지에서 하나둘 떨어졌다. 땅에는 낙엽이 쌓여 그 위를 걸을 때마다 고요한 소리가 들렸다. 대기 속에는 차가운 공기와 따스한 햇살이 어울려 신선한 향기가 퍼졌다. 차분함과 아름다움이 함께 어우러지며 자연이 고요히 숨을 쉬는 가을, 어느 시인의 말처럼 홀로 사색하고 기도하기에 최고의 시간이 찾아온 듯했다.

1학년 2학기를 보내던 어린 대학생인 나에게도 깊이 사색하고 기도하며 결단해야 할 시기가 찾아왔다. 그런데 그 상황은 내가 선택한 것은 아니었다. 순전히 외부로부터 주어진 것이었다. 물론 이런 순간이 언젠가는 오리라고 어렴풋이 짐작은 하고 있었다. 하지만 결단의 요구는 바깥으로부터 빠르고 갑작스럽게 찾아왔다.

재수 끝에 대학에 입학한 나는 구도자를 자처했다. 진리와 인생의 의미에 대한 갈망이 마음에 가득했다. 물론 그때의 나뿐만 아니라 사람들 대부분이 구도적인 열망을 갖고 있다. 사도 바울이 아테네 사람들이 '종교성'이 깊다고 했듯이, 인간은 태생적으로 세상의 원리와 절대가치, 구원의 길을 좇는다. 그것이 본질이다. 나도 그중 한 사람이었고, 스무 살 무렵은 구도의 열정이 가장 강한 시기이기도 했다.

그런데 나는 특정 종교나 가치관에 머무르기가 싫었다. 혹시 세뇌되어 한쪽으로 치우치지 않을까 두려워했다. 고등학교 시절까지 주어진 것을 단순히 받아들이는 주입식 교육을 받았다. 이제 대학에 들어오고 성인이 되었으니 내 판단에 따라 결정하고 싶었다. 그래서 다양한 종교와 철학, 가치관을 두루 접해보고자 하였다. 그 무렵 실로 다양한 종교적·철학적 탐색을 하였다. 한남동의 이슬람사원을 방문하기도 했었다.

동아리 선택도 좀 엉뚱했다. 기독교 선교단체와 불교 동아리에 동시에 소속되어 성경 공부와 불경 공부를 모두 열심히 했다. '그게 가능한가?' 하고 고개를 가우뚱하는 독자분도 계실 것이다. 하지만 그 시기 나는 그것이 옳다고 생각했다.

내가 속한 대학생 선교단체의 한 선배가 나에게 이렇게 말했다.

"믿으면 믿고, 안 믿으면 안 믿는 거지. 이렇게 양다리 걸치는 건 잘못되었다. 살아 계신 하나님께서 지금 너의 모습을 기뻐하시겠느냐? 물론 아직 준비가 안 되었을 수도 있지만, 그래도 지금 선택하고 결단해야 한다. 나는 네가 주님을 선택할 것이라고 믿는다."

그 선배는 방황하는 내가 한편으로는 한심스럽고 한편으로는 걱정스러웠을 것이다. 둘 중 하나를 선택하라고 했지만, 실은 이제 주님께 돌아오라는 뜻이었다.

그 선배의 말은 충분히 일리가 있었다. 취미나 예술 동아리와 선교단체에 동시에 가입해서 활동할 수는 있지만, 두 개의 종교 동아리에 속하는 것은 무리가 있다는 생각이 들었다. 그래서 이제 선택하자고 생각했다. 마음을 정리했다. 선택지는 셋이었다. 첫째, 불교. 둘째, 기독교. 셋째는 모두 안 믿는다.

가장 먼저 불교 학생회 선배들에게 조언을 부탁했다. 당시 불교 학생회 선배들은 나를 좋아했다. 모임에 한 번도 안 빠지고 매주 열심히 금강경을 공부하던 착실한 후배였기 때문이다. 그래서인지 내 문제를 집중적으로 토의하는 시간을 마련해주었다. 상대적으로 불교에 조예가 깊은, 리더 격인 선배들이 그 자리에 모여서 내 이야기를 차분히 들었다. 그러고는 이렇게 대답했다.

"강락이가 추구하는 것은 불교에는 없어. 너는 절대자와 진리, 구원을 희구하는 것 같은데, 그것은 불교와는 성격이 달라."

뜻밖이었다. 다른 선배들도 비슷한 맥락의 이야기를 했다. 불교는 종교보다는 철학적 성격이 강하고 신에 대한 귀의보다는 자기 수련을 강조하며 절대성보다는 상대성이 강하다고 했다. 절대자를 통한 구원의 길, 종교적 믿음을 찾는다면 기독교가 더 맞을 것 같다는 의미였다.

대화가 깊어지며 그 자리에 참석했던 몇몇 사람의 표정이 변하는 것을 보았다. 그들도 나처럼 마음이 흔들리는 듯 보였다. 그때 일이 계기가 되어 개신교나 가톨릭으로 개종한 사람도 있다는 후문을 나중에 접하기도 했다. 이런 대화 과정에서 자연스럽게 불교에 대해서는 마음을 내려놓았다.

이제 둘 중 하나였다. 기독교를 선택하거나, 무종교인이 되거나이다. 그런데 선뜻 기독교로 마음이 기울지 않았다. 지금까지 선교단체에서 성경 공부를 해왔는데, 벌써 세뇌된 상태일 수도 있다는 생각이 들었다. 거짓말도 반복해서 학습하면 세뇌되는 게 인간의 속성이 아닌가. 나는 진짜 하나님이 살아 계신지 확인하고 싶었다.

그래서 그날 밤에 하나님께 기도해보기로 했다. 진짜 하나님이 살아 계신다면 애타게 찾는 나에게 뭔가 반응하시지 않겠는가 하고 생각했다. 어떻게 기도하면 좋을지를 궁리하다가 문득 한 구절이 떠올랐다.

"사람이 마음으로 믿어 의에 이르고 입으로 시인하여 구원에 이르느니라"(로마서 10:10)

그때까지 나는 신앙을 지식과 정보 차원에서 공부하는 데 그쳤다. 그런데 마음을 열고 입술로 시인하는, 그러니까 예수 그리스도를 영접하는 그런 과정을 한 번 거치면 하나님의 존재를 확인하고 내가 완전히 달라질 수 있다는 의미로 이 말씀이 받아들여졌다. 그렇게 해 보기로 했다. 어차피 하나님이 계시지 않으면 아무 일도 일어나지 않을 터이니 손해 볼 것도 없었다.

밤 10시경 기숙사 앞 잔디밭에 홀로 앉았다. 어둠과 정적이 가득했다. 무릎을 꿇고 기도를 시작했다. 하나님께서 살아 계신다면 나를 받아주시고 진리에 대한 깨우침을 달라고 간구했다. 그리고 선교단체에서 공부한 내용을 떠올려 기도 소리가 내 귀에 들리도록 예수님을 믿겠다는 영접 기도를 했다.

그리고 기숙사 내 방으로 돌아왔다. 별다른 일은 일어나지 않았다. 신비로운 바람이 불어닥치거나 뜨거운 불이나 광선이 하늘로부터 내려오는 그런 일은 없었다.

여느 날처럼 잠자리에 누웠다. 쉽사리 잠이 들 것 같지 않았다. 그러다 갑자기 생각 하나가 스쳤다. '그냥 자도 되나, 기도하고 자야 하는 것 아닌가?' 그래도 오늘은 기도하고 자는 게 옳겠다 싶은 생각에 기도했다. "내일 아침 일찍 일어나면, 제가 성경을 읽겠습니다." 그렇게 기도하고 나니, 내가 하나님께 아침에 일찍 깨워달라고 요구하는 것 같다는 생각이 들었다. 사실 깨워주고 안 깨워주고는 중요한 문제가 아니었다. 내용을 바꾸어 다시 기도했다. "아침에 일찍 깨워주시면 믿고, 그러지 않으면 안 믿고, 이런 문제는 아닙니다. 일부러 깨워주실 필요는 없습니다."

이 기도를 마치자 편안한 잠이 몰려왔다. 그러나 내일 어떤 일이 나에게 찾아올지를 전혀 예상하지 못했다.

타력 믿음, 타력 경영

다음 날 아침 일찍 잠에서 깨어났다. 그리고 책상에 앉아 성경책을 펼쳤다. 이미 선교단체에서 하루에 반 장 정도 분량의 말씀을 묵상하는 훈련을 받았기에 익숙한 일이었다. 그런데 그날 아침은 여느 때와는 달랐다. 정확히는 모르겠지만, 내 관점이 어딘가 달라져 있었다. 뭔가 스스로 이상하고 낯설게 느껴질 정도였다.

성경에는 여러 인물이 등장하는데, 단순하게 나누면 하나님을 잘 믿고 순종하는 사람과 하나님께 무관심하거나 적대적인 사람의 두 부류이다. 그때까지 나는 정확하게 중립적이었다. 세뇌되지 않고 치우치지 않으려 애썼기 때문이다. 우리 편, 상대편이 없었다. 어떤 종류의 사람들에게도 우호적이지 않았고 공평하게 비판적인 태도였다. 그런데 그날 아침은 달랐다. 나는 치우쳐 있었다, 성경 속의 믿음 좋은 인물들에게만 마음이 갔다.

이상한 마음이 들어 성경의 첫 페이지를 열었다.

"태초에 하나님이 천지를 창조하시니라"(창세기 1:1)

신비롭게도 이 구절이 한 점 의심 없이 믿어졌다. 나는 혼잣말을 했다. "그렇지. 하나님께서 창조하지 않았다면, 이 정교하고 아름다우며 질서 있게 움직이는 세상이 어떻게 생겼겠어." 다음 구절도 그다음 구절도 마찬가지였다. 한 말씀 한 말씀이 생명력 있게 심장과 뇌리에 박혔다. 그 전에는 모순되고 비논리적이라고 여겼던 구절들이 당연한 진실로 받아들여졌다. 내가 내 탄생의 순간을 기억하지 못하지만, 지금 내 곁의 부모님을 아무런 의심 없이 믿고 자연스럽게 받아들이듯 말이다.

나는 그때까지 한 발짝 떨어져서 비평가가 된 듯이 성경을 읽어왔다. 그 속에 빠져들지 않으려 애써왔다. 성경의 허점을 발견했다고 생각한 적도 있으며, 막연한 거부감을 느끼기도 했다. 그러나 그날 아침 나는 완전히 무너졌다. 전면적 변화였다. 내가 허점이라고 받아들인 바로 그 부분들에서 숨은 의미와 진리가 살아나는 듯했다. 창세기 1장 1절부터 요한계시록 22장 21절까지 모든 말씀이 살아 계신 하나님의 메시지로 받아들여졌다.

나는 어제의 내가 아니었다. 혹시 속고 세뇌될까 두려워하며 여러 종교의 주변을 빙빙 돌던 회의로 가득 찬 사람은 사라지고 없었다. 나는 예수 그리스도를 영접한 크리스천이 되어 있었다.

생각하면 할수록 신앙은 신비롭다. 나의 의지와 노력, 능력의 산물이 아니라 하늘로부터 주어지는 선물이기 때문에 더 신비롭다. 치기가 가득해서 영적으로 방황하던 시절 나는 '자력'에 의한 '득도'를 믿었는지도 모른다. 그러나 자력으로 이룬 것은 없었다. 오히려 자력으로 깨달음에 도달한다는 불교에 대해 희망을 놓았을 뿐이다.

믿음은 철저히 '타력'으로 말미암는다. 그 가을밤에, 그리고 다음 날 아침에 주님께서는 나를 찾아와주셨고 완전히 다른 존재로 변화시켜 놓으셨다. 내 공로는 하나도 없었다.

"너희는 그 은혜에 의하여 믿음으로 말미암아 구원을 받았으니 이것은 너희에게서 난 것이 아니요 하나님의 선물이라"(에베소서 2:8)

그리고 그날 이후의 내 삶에서 이 '타력'은 중요한 묵상의 주제가 되었다. 이후에 깨달은 바는 믿음만 타력에 의해 주어지는 것이 아니라는 점이었다. 삶 전체가 타력에 의해 이끌리며, 경영하는 모든 것이 타력으로 말미암았다고 고백하게 되었다.

그리스도인으로서 바람직한 경영의 길을 찾고자 애쓰는 이들에게 타력의 개념은 매우 중요하다. "모든 것이 은혜"라는 고백은 주님께 어떤 특정한 때, 적당한 정도의 도움을 받는다는 의미가 아닐 터이다. 자신의 역량과 노력으로 기업을 잘 경영할 수 있으니, 필요할 때 주님께 '약간'의 지원을 받으면 된다고 생각한다면, 그것은 매우 위험한 태도이다.

지금까지 살아온 날들을 돌이켜보면, 그리고 그동안 만난 수많은 그리스도인 경영자들을 관찰한 경험에 따르면, 철저히 자기를 비워 주님의 타력에 의존할 때 비로소 거룩한 경영이 시작되었다.

진정한 혁신의 시작

인간 이강락의 삶을 하나의 기업이라고 본다면, 가장 근본적이고 극적이며 효과가 큰 혁신은 1978년 가을, 그야말로 하룻밤 사이에 신비로운 타력에 의해 일어났다. 나의 부끄러운 간증은 그리스도인으로서 제대로 기업을 경영하고 싶은 목마름을 느끼는 독자분들께 하나의 지혜가 될 수 있으리라 생각한다.

'지금 변화해야 한다'라는 갈망에 휩싸였지만, 어디서부터 어떤 변화를 어떻게 이루어야 하는지 답을 찾지 못하는 분들이 있다. 그런데 나는 그리스도인 경영자에게 경영 혁신의 출발점은 정해져 있다고 믿는다. 그리스도인으로서 정체성을 확실히 하는 것이다.

과거의 나처럼 신앙에 근본적인 회의가 있다면, 당신 앞에 서 계시며 끊임없이 영혼의 문을 두드리시는 주님을 지금 영접하면 된다.

신앙을 지녔지만, '믿음은 믿음, 사업은 사업, 경영은 경영'이라는 관점을 지닌 이들은 주님께서 내 삶과 기업의 온전하고 총체적인 주인이심을 받아들이면 된다.

한 열정적인 경영자에게 컨설턴트로서 조언한 적이 있다. 그는 자기 회사를 깊이 사랑했으며, 여러 문제점을 자각하고 있었다. 그는 나에게 해결 방안을 구했다. 나는 내가 아는 바를 바탕으로 길고 성실하게 하나하나 답해주었다. 그리고 마지막에 진심을 담아 근본적인 방안을 들려주었다.

"예수를 믿으십시오. 이것이 최고의 솔루션입니다."

내가 그리스도인임을 확인하고 고백하며 그 바탕에서 경영하겠다고 결단하는 순간 진짜 경영 혁신이 시작된다. 흐릿하던 목표가 또렷해지고 사명이 생긴다. 밉게 보이던 동료들을 사랑하는 마음이 우러난다. 지긋지긋하게 느껴지던 고객들에 대해서도, 그들을 섬기고 유익을 끼쳐야겠다는 의지가 샘솟는다. 정직하지 못하거나 부패한 관행에 대한 거부감이 든다. 지금 처한 여러 어려움의 실상이 확인되고 그 가운데서도 평강을 얻을 수 있다.

이것은 내 자격이나 능력과 상관없다. 타력으로 주어지는 선물이기 때문이다. 지금 기도하자.

"제가 주님을 영접하고 그리스도인이 되기를 원합니다. 그리고 그리스도인 경영자로 살고자 합니다."

이 짧은 기도가 위대한 변화의 출발점이다.

　　"너희가 온 마음으로 나를 구하면 나를 찾을 것이요 나를 만나

리라"(예레미야 29:13)

이 말씀처럼 하나님을 만나고 진정한 자기 혁신, 경영 혁신을 시작

하게 될 것이다.

내가 대학생 선교단체와 불교 동아리에 동시에 적을 두고 성경과

불경을 함께 파고들던 시절의 이야기를 하면 이상하게 여기는 사람들

이 많다. 그 당시 주변의 시선도 좋지 않을 것이고, 스스로 내적 모순

을 일으킬 터인데, 그것이 어떻게 가능했냐고 묻곤 한다.

다 맞는 말이다. 핑계가 필요 없다. 그런데 경영 컨설팅을 하며 만

나는 분 중에서 그 시절의 나와 비슷한 상황에 처한 사람들을 간혹

발견한다. 주일에는 교회 예배에 참석하고, 토요일에는 절에 가서 법

회 자리에 있는 사람들을 말하는 것은 아니다. 그 정도는 아니지만,

결단하지 못하고 우왕좌왕 헤매는 모습을 보이는 이들이 많다.

예수를 믿는다고 하면서도 돈의 신 맘몬을 떠나지 못하는 이들이

있으며, 쾌락의 신 디오니소스의 영향 아래 놓인 사람도 있다. 자신의

회사 그 자체가 또 다른 종교인 사람도 적지 않다. 이들은 두 세계의

작동 방식이 다르므로 각각의 현실적 룰에 따라 대처하는 수밖에 없

다고 항변한다. 현실에 적응하지 않을 수 없다며 때로 부정한 뒷거래

를 하고 어두컴컴한 지하 술집을 찾는다. 결단을 요구하는 영혼의 목

소리를 들으면서도 미루거나 거부한다. 이들의 말처럼 예수를 믿는 길과 사업을 하는 길은 서로 다른 길일까?

현대 비즈니스는 흔히 전쟁에 비유된다. '전략'과 같은 전쟁 용어가 경영에서 자연스럽게 쓰인다. 일상적으로 체감하기에도 사업은 총칼 없는 전쟁과 같다. 이 전쟁의 주인은 누구일까? 사무엘상 17장 47절은 '전쟁은 하나님께 속한 것'임을 분명히 한다.

> "또 여호와의 구원하심이 칼과 창에 있지 아니함을 이 무리에게 알게 하리라 전쟁은 여호와께 속한 것인즉 그가 너희를 우리 손에 넘기시리라"(사무엘상 17:47)

전쟁은 하나님께 속한 것이다. 이와 마찬가지로 사업도 하나님께 속한 것이다. 하나님의 통치를 벗어나 제각기 법칙을 따라 움직이는 세계는 존재하지 않는다. 현실적 불가피함 때문에 그 세계를 떠날 수 없다는 것은 변명일 뿐이다.

위대한 혁신을 기대하는 당신에게는 첫 번째 결단이 요구된다. 젊은 시절 내가 요구받았던 그 결단이다. 당신은 어떤 선택을 할 것인가? 이곳저곳 모두 속할 수는 없음을 당신도 잘 알고 있다. 당신이 예수 그리스도를 선택하여 진정한 변화를 시작하리라 믿는다.

말씀에 젖다

주님을 만나고 영접한 그날 이후 나의 인식과 사고방식, 취향과 일상에는 많은 변화가 찾아왔다. 대표적인 것 하나가 성경 말씀이 좋아진 것이었다. 예전에 숙제하듯 성경을 읽을 때는 느끼지 못했던 새로운 감동이 샘솟았다. 매일매일의 지혜를 공급받는 기쁨을 누릴 수 있었다.

대학 2학년 때의 일이다. 그때 선교단체에서는 구성원들이 같은 본문으로 매일 각자 QT(Quiet Time, 경건의 시간)를 하고 일주일에 한 번 모여서 한 사람씩 발표하며 감동받은 내용을 나누는 시간을 갖고 있었다. 당시의 본문은 레위기였다. 말씀에 매료되어 깊은 기쁨을 누리던 시절이었지만, 레위기는 딱딱하고 어려웠다. 제사 의식에 관한 내용이 반복적으로 나와서 지루하기도 했다. 본문을 통해 느낀 점을 노트에 정리해야 하는데, 상대적으로 시간이 더 많이 걸렸다.

그 무렵 저녁이었다. 책상에 앉았는데, '내일 아침 QT를 예습하면 어떨까?' 하는 생각이 들었다. 어렵고 재미가 덜한 본문이라 아침에 시간이 부족해 허둥댈 수도 있으니 시간 여유가 있는 지금 해두면 더 좋을 듯했다.

평소 하던 대로 본문을 깊이 여러 번 묵상하고 마음에 생긴 감동을 노트에 적어나갔다. 그러면서 레위기가 건조하고 따분하기만 한 것이 아님을 깨닫게 되었다. 평소보다 더 집중이 잘되어 빨리 끝냈다는 느낌이 들었다. 내가 체감하기에는 한 시간 남짓이 흐른 것 같았다. 편안한 마음으로 잠자리에 들려고 보니, 창밖이 환했다. '오늘이 보름인가, 왜 이렇게 밝지?' 하는 생각에 밖으로 나가보았다. 밝은 정도가 보름달이 뜬 밤하고는 차원이 달랐다. 아침이었다. 1시간쯤 지났다고 생각했는데, 실제로는 13시간쯤 지난 것이었다. 방으로 돌아와 묵상 노트를 펼쳐 보았다. 두어 페이지 정도 썼다고 생각했는데, 수십 페이지가 빼곡히 기록되어 있었다.

> "주의 말씀의 맛이 내게 어찌 그리 단지요 내 입에 꿀보다 더 다니이다"(시편 119:103)

이 말씀이 실감되었다.

학교를 마치고 직장생활을 할 때, 가정을 이룰 때, 사업을 꾸려나

갈 때, 좋을 때나 어려울 때나 평안할 때나 염려될 때나 한결같이 성경 말씀은 최고의 지침이요 지혜의 원천이 되었다. 등대요 나침반이요 지도였다. 나는 직장생활과 기업 경영에서도 성경을 교과서로 삼아왔다.

몇몇 그리스도인 경영자는 시간 부족에 시달린다는 이유로 말씀 읽기에 열심을 두지 않는다. "성경에는 구체적인 현실 상황에 딱 맞는 지침이나 지식이 부족하다"라고 말하는 이들도 있다. "대표님께서는 경영 이론과 기법에 매우 밝으신데, 성경에 더 지혜가 많다고 하시니 이해하기 힘들다"라고 이야기한 사람도 있다.

그들의 말을 약간은 이해할 만하다. 수천 년 전의 사회와 산업을 배경으로 한 성경이 지금 경영자를 위해 구체적인 지식과 정보를 제공하기는 어려울 터이다. 역사를 거치며 유능한 학자들과 경영자들, 엔지니어들이 축적해놓은 경영 기법과 혁신 이론, 첨단 기술이 경영 현장에 유용하다는 것 역시 사실이다. 경영자라면 여기에 관심을 두고 열심히 공부하고 실무에 적용하는 게 바람직하다.

그런데 경영 기술과 기법들이 유용할수록 성경 말씀은 더 소중해진다. 이 기술과 기법들을 조망하고 생명력을 불어넣는 것이 성경 말씀이기 때문이다.

회사의 성장과 변화, 문제 해결을 위해 널리 알려진 유익한 경영 기법을 도입하곤 한다. 그런데 유능한 컨설팅 회사를 통해 첨단 경영 기법을 도입한다고 해서 모든 문제가 쉽사리 해결되지 않는다. 오히려 예상치 못했던 다른 문제가 불거지기도 한다. 대표적인 사례로 '체인지 몬스터'라는 개념은 기업의 혁신과 변화 과정에서 나타나는 저항과 구성원들의 심리적 고통을 다룬다. 이처럼 아무리 좋은 경영 기법도 이를 도입하고 운용할 지혜와 안목이 없다면, 그리고 그 과정에 일어나는 수많은 문제를 극복할 힘이 부족하다면 무용지물이다. 기업의 혁신 시도 중 다수가 실패하는 이유가 여기에 있다.

거룩한 경영을 추구하는 그리스도인 경영자라면 달라야 한다. 축적된 정보와 지식, 1등 기업의 실천 관행, 첨단 기술과 경영 기법을 적극 활용하면서도 이를 성경 말씀에 비추어보며 판단하고 운용할 수 있어야 한다. 이것이 경영의 지혜다.

경영을 배우는 것보다도 더 열심히 말씀을 배워야 한다. 늘 성경을 가까이하고 시간을 내어 읽고 묵상해야 한다. 교회의 성경 공부 프로그램에 적극 참여하는 게 좋다. 그리고 믿는 동료들과 성경을 읽고 나누는 모임을 만드는 것이 효과적이다. 교류가 잦은 경영자들이 모여 성경 공부를 하는 것도 권할 만하다. 말씀 속에 경영의 지혜가 있다. 이 진정한 지혜를 사모하라.

"너희 중에 누구든지 지혜가 부족하거든 모든 사람에게 후히 주시고 꾸짖지 아니하시는 하나님께 구하라 그리하면 수시리라"(야고보서 1:5)

사람이 마음으로
자기의 길을 계획할지라도

주님을 만나고 말씀의 능력을 체험하면서 대학생활을 해나갔지만, 어떤 면에서 나의 신앙은 초보적인 수준에 머물러 있었다. 졸업 후 진로를 놓고 기도하며 준비할 때도 마찬가지였다. 나는 주님께서 내 직업적 진로를, 내가 원하고 계획하는 범위 안에서, 큰 고난 없이, 긍정적이며 형통한 방향으로 이끄실 것이라 기대했고, 또 믿었다. 일종의 기복적인 신앙이 자리 잡고 있었던 것이다.

"하나님을 사랑하는 자 곧 그의 뜻대로 부르심을 입은 자들에게는 모든 것이 합력하여 선을 이루느니라"(로마서 8:28)

"할 수 있거든이 무슨 말이냐 믿는 자에게는 능히 하지 못할 일

이 없느니라”(마가복음 9:23)

“강하고 담대하라 두려워하지 말며 놀라지 말라 네가 어디로 가든지 네 하나님 여호와가 너와 함께 하느니라”(여호수아 1:9)

“내게 능력 주시는 자 안에서 내가 모든 것을 할 수 있느니라”
(빌립보서 4:13)

이러한 말씀을 믿었고 하나님께서 나의 인생을 위해 최선의 길을 예비하실 것이라고 생각했다. 본질적으로 이 믿음은 옳지만, 그 '최선의 길'이라는 것에 대해서 좁은 안목을 가졌다. 구체적으로 그렇게 생각한 적은 없지만, 어렴풋이는 누가 보더라도 멋지고 좋은 길, 지식과 명예와 권세와 건강과 경제력이 동반된 그런 길을 상상하고 있었는지도 모른다.

주님을 영접하기 전부터 나는 그다지 순탄하지 못한 삶을 살았다. 그 당시 우리 사회가 전반적으로 가난했지만, 우리 집은 그중에서도 특히 가난했다. 나는 중학교 시절 자취를 하였는데 제대로 된 교복도 입지 못했고, 도시락을 싸지 못해 굶는 게 일상사였다. 중학교 3학년 수험생 시설에노 공부 자체보다 배고픔을 이기는 게 더 힘든 지경이었다. 늘 먹을 것을 상상하면서 지냈다.

대학 입학시험을 치르고 시험을 꽤 잘 본 것 같다고 부모님께 말씀드렸다. 나도, 부모님도, 친척과 이웃들도 합격할 것이라 믿었다. 그런데 합격자 발표 날 게시판에 붙은 합격자 명단에 내 이름은 없었다. 아무리 찾아보아도 내 이름 석 자는 보이지 않았다. 합격할 거라 동네방네 떠들고 다녔는데, 창피하기 그지없었다. 동네에서 얼굴을 들고 다니지 못할 정도였다. '재수할까, 후기에 지원할까?' 고민이 시작되었다. 그런데 이 고민은 엉뚱하게 해결되었다. 절망감과 수치심에 자전거를 타고 멀리 내달리며 고민을 했는데, 사고가 나서 병원에 입원하면서 후기 일정을 놓쳤기 때문이다.

재수를 시작했는데, 원하던 종합반 학원에 들어가지 못했다가 나중에 편입하여 옮겼다. 학비는 학원 장학금으로 해결한다 하더라도 생활비가 문제였다. 재수생 주제에 삼수생 과외 아르바이트를 겸하여 힘겹게 공부할 수밖에 없었다. 대학에 입학한 후에도 가난은 해결되지 않았다. 빈혈로 지하철에서 쓰러져 한참 동안 지하철 역사의 의자에 누워서 의식이 돌아오기를 기다린 적도 있었다.

주님을 영접했다고 해서 자동으로 실패나 가난이나 곤고가 사라지기를 기대한 것은 아니지만, 희미하게나마 형통한 인생의 길을 바라보았는지도 모르겠다. 그래서인지 나는 진로에 대해 전혀 걱정하지 않았다. 하지만 계획하고 실행하는 일은 필요했다. 선교단체의 친구들과 몇 차례 이야기를 나누었다. 당시 다른 친구들은 모두 대학원 진학을 계획하고 있었다. 졸업 후 바로 사회로 나가는 것보다, 석사나 박사 학위를 받는 게 훨씬 진로가 폭넓어진다는 이야기였다. 그리고 "공부할 수 있을 때 공부해야지, 나중에는 하기 어렵다"는 말도 설득력이 있었다. 나는 그들의 말에 공감했고 대학원 진학을 준비했다. 특히 나는 학교생활이 적성에 맞았다. 과제에 대해 집중적으로 연구하고 해결 방안을 찾는 게 재미있었다. 그래서 학교 연구소나 연구실에서 일하며 몇 년 더 학교에 다니는 게 좋겠다고 보았다. 입학 지원서를 냈다.

지원서를 낸 후에 입학 경쟁률을 알아보았는데, 같이 원서를 낸 다른 친구들이 지원한 산업공학과, 컴퓨터공학과, 전자공학과 등은 모두 경쟁률이 높았다. 5:1, 6:1 이런 식이었다. 그런데 우리 기계설계학과는 1.4:1이었다. 14명 지원하면 10명이 붙고 4명이 탈락하는 비율이다. 그런데 이 경쟁률은 총경쟁률이고 본교생 비율이 낮아서, 본교생은 합격 가능성이 더 크다는 소문이 돌았다. 나의 기대치는 높아졌다. '신앙생활 잘하고 성경 공부도 열심히 했더니 하나님께서 경쟁률을 낮추어주셨다'는 생각이 들었다. 그리고 유쾌한 마음으로 시험을 치렀다.

그 당시 함께 원서를 낸 친구들은 5:1, 6:1의 경쟁률을 뚫고 모두 합격했다. 그런데 낮은 경쟁률이 하나님의 축복이라고 여겼던 나는 불합격했다. 경쟁률이 높은 상황에서 떨어졌다면 뭔가 핑곗거리가 있을 터인데, 본교생 경쟁률만으로는 미달인 상황에서 불합격한 나로서는 몹시 창피하고 심란했다.

그러나 곧 마음을 다잡았다. 주님의 예비된 뜻이 따로 있을 것이기 때문이다. 군대에 갔다 와서 다시 대학원 시험을 볼지, 취업할지를 두고 기도하며 고민했다. 그러다 취업으로 방향을 정했다. 그 당시 기계공학이나 기계설계를 전공한 학생들이 선호하는 회사는 두 곳이었다. 울산의 현대중공업과 인천의 대우중공업이었다. 나는 그중에서 대우중공업에 마음이 갔다. 영남 쪽으로는 아무런 연고가 없어 낯선 느낌이었고, 인천에서 근무하면 가족과 친구 관계 등을 그대로 유지할 수 있기 때문이었다.

이렇게 해서 대우중공업 입사가 결정되었다. 대우중공업 공장 내 교육장에서 신입사원 연수를 받으며 살펴보니 회사가 마음에 들었다. 규모도 컸고 시스템을 잘 갖춘 회사라는 느낌이 들었다. 점심시간에 식당에 가면 학교 선배들과 마주쳤다. 내가 아는 사람들이 대부분 여기에 와 있는 것 같았다. 연수 중에 배울 점도 많았다. 연수 마지막에 1박 2일로 대우그룹 계열사들을 버스로 방문하여 둘러보는 프로그램이 있었다. 거제도의 대우조선, 구미의 대우전자, 창원의 대우중공업, 부평의 대우자동차까지 돌아보며 마음이 부풀었다. '하나님께서 이렇게 괜찮은 직장을 마련해두고 계신데, 괜히 친구 따라 대학원 간다고 우왕좌왕했다'는 생각이 들었다. 이제 내일모레면 연수가 모두 끝나고 부서 배치를 할 것인데, 어디에 배치가 될지 기대감이 커졌다.

버스 안에서 나는 감사의 기도를 드렸다. "주님, 저는 대학원 진학을 원했었는데, 어리석은 제 뜻과 달리 이렇게 저에게 딱 맞고 집과 학교에서 가까운 좋은 직장을 예비해두고 계셨군요. 행복하고 감사합니다. 이곳에서 열심히 하겠습니다."

연수가 끝나고 드디어 수료식이었다. 수료식이 끝나면 부서를 배치한다. 대우중공업 자체가 매우 마음에 들었기에 꼭 찍어서 어느 부서로 가고 싶다는 마음은 없었다. 그래도 은근히 기술연구소나 생산기술부로 발령이 나기를 바랐다.

부서별로 발령받은 사람들 명단을 불렀다. 기술연구소 누구, 누구. 생산기술부 누구, 누구. 품질관리부 누구, 누구…. 대우중공업 거의 모든 부서의 신입 발령자가 다 호명되어 가고 있었다. 그런데 내 이름은 불리지 않았다.

몹시 당황하고 초조했다. '뭐가 잘못된 거지?', '나를 부르는 걸 빠뜨리고 넘어갔나?', '혹시 연수에서 탈락한 건 아닌가?' 이런저런 생각을 하다가 주변을 둘러보았다. 함께 연수를 받던 동료 대부분이 호명되었다. 그런데 아직 호명되지 않은 한 사람이 눈에 띄었다. 그는 연수 성적이 좋은 사람이었다. '내가 모르는 다른 좋은 신규 부서가 있는 모양이구나'라고 생각하며 마음으로 위로했다.

그 순간 발표하던 사람이 다른 용지를 꺼내 들었다. '그러면 그렇지' 하고 안도했다. 그리고 그는 "한 팀 더 있습니다"라고 말하며 명단을 불렀다. 그중에 내 이름도 있었다. '그런데 무슨 부서지?' 하고 궁금해하는데, 명단을 발표하던 사람이 이렇게 말했다. "호명된 사람들은 내일 아침부터 대우정밀공업주식회사에서 근무하시면 됩니다."

대우정밀이라는 이름은 한 번도 들어본 적이 없었다. '무슨 일이지, 어떻게 된 거야?', '대우중공업에 입사했는데, 대우정밀로 가라니…', '이 듣지도 보지도 못한 회사는 도대체 어디에서 뭐 하는 곳이지?' 마음속으로 혼란이 물결쳤다.

대우정밀로 배치된 누군가가 질문했다. "무슨 일입니까?" 명단을 발표하던 사람이 상황을 설명해주었다. 정부에서 방위산업 공장을 운영해왔는데, 이것을 민영화하기로 하고 대우중공업에 매각했다고 한다. 제품도 특수하고, 위치도 동떨어진 이 회사를 대우중공업 산하에 두기가 어려워 별도의 회사로 만들었다는 것이다. 이 공장을 1982년 1월 2일에 인수했는데, 내가 입사한 시점은 그해 1월 11일이다. 나나 동료들이 모를 수밖에 없었다. 새롭게 출범한 대우정밀에서는 모기업인 대우중공업에 신입사원 배치를 요청했다고 한다. 대우중공업과 대우정밀은 엄격히 말해 다른 회사이므로 '전보'의 형태로 발령 낸 것이다. 나는 대우정밀공업주식회사의 공채 1기가 되는 셈이다.

명단을 발표하던 사람은 "대우정밀도 좋은 회사이고, 새로 산 공장이기 때문에 대우중공업 지방 공장에서 일한다고 생각하면 됩니다"라고 말했다. 그리고 덧붙였다. "동서남북이 산으로 둘러싸인 호젓하고 아름다운 곳입니다. 호수도 있고 경관도 훌륭하고 멧돼지와 노루도 있습니다. 안 좋은 점이 있다면 반경 4킬로미터 이내에 사람 사는 곳이 없다는 것입니다. 직접 가보시면 얼마나 좋은지 알게 될 것입니다."

그 회사는 어디에 있습니까? 누군가가 물었다. "경상남도 양산군 철마면의 철마산입니다. 내일 새벽에 부산역에 가면 여러분을 태우러

버스가 도착해 있을 겁니다. 그 버스를 타고 가시면 됩니다."

생각하지도 못한 일이 벌어졌다. 나는 그때까지 대한민국 안에 '양산군'이라는 곳이 있는지조차 몰랐다. 울산의 현대중공업을 피해 인천의 대우중공업을 선택했는데, 울산보다 훨씬 더 외진 시골 마을에 배치되다니. '모든 일이 합력해서 선을 이룬다'거나 '주님께서 가장 좋은 길을 예비해주신다'거나 하는 믿음이 무너지는 느낌까지 들었다.

현실을 받아들이기 쉽지 않았다. 내가 원하고 예상하던 것과 완전히 딴판이었다. 충분히 들어주실 만한 기도를 했는데, 이렇게 생뚱맞은 길로 인도하시다니…. '아는 사람 한 명 없는 객지 중의 객지에서 어떻게 살아야 하나?', '내 인생은 어떻게 풀리는 건가?', '열심히 기도해도 소용없는데, 앞으로 어떻게 해야 하나?' 원망스러운 생각들이 스쳐 지나갔다.

진정되지 않는 마음을 누르며 눈을 감았다. 지금이야말로 기도할 때라고 생각했기 때문이다. 순간 말씀이 떠올랐다.

"여호와께서 아브람에게 이르시되 너는 너의 고향과 친척과 아버지의 집을 떠나 내가 네게 보여 줄 땅으로 가라"(창세기 12:1)

원망스러운 마음이 걷혔다. '하나님께서는 내가 가족, 선배, 친구에게 의지하지 않고, 편하고 안전한 환경에 젖지 않기를 원하시는구나. 하나님께서 나를 새로운 곳으로 부르시는구나.' 평강이 찾아왔다.

'도대체 얼마나 깊은 산속인지 모르고, 그곳에서 어떤 사람이 나를 기다리고 있는지도 모른다. 모든 게 백지상태이지만 믿음을 가지고 잘해보아야겠다.'

나의 계획과 전혀 다른 모습의 직장생활은 그렇게 시작되었다.

하나님께서 우리를 위한 가장 좋은 길을 예비하시고 그 길로 이끄시는 것은 한 점 의심할 바 없는 진실이다. 그런데 때로 그 길은 우리가 예상하거나 기대하던 것과는 딴판인 경우가 많다. 나는 직장생활과 사업을 하면서 뜻밖의 상황에 수없이 부닥쳤다. 기대와 예상대로 풀리는 일이 훨씬 더 적을 정도였다. 세상의 기준으로 볼 때 그 길은 여건이 더 나쁘기도 했다. 하지만 이 모든 일을 돌이켜볼 때 주님의 섬세한 배려가 개입하지 않았던 적이 단 한 번도 없다.

독자 여러분도 마찬가지일 것이다. 여러 계획과 소망을 품고 바라며 기도한다. 그러나 예상치 않았던 방향, 내가 최악이라고 생각했던 방향으로 일이 흐르기도 한다. 이때 잠잠히 그 속에 숨은 주님의 뜻을 헤아려보아야 한다. 물론 그때는 도무지 그 뜻을 알 수 없을 수도 있다. 그러나 곧 비밀은 풀릴 것이다. 지금 이해할 수 없어도 기쁘게 그 부르심을 받아들이자.

"사람이 마음으로 자기의 길을 계획할지라도 그의 걸음을 인도하시는 이는 여호와시니라"(잠언 16:9)

내게 능력 주시는 자 안에서

내 어린 시절과 청춘을 규정하는 단어를 고르라면 '가난'이 그중 하나로 꼽힐 것이다. 하지만 그것이 원망스럽지는 않다. 모두 경제적으로 어렵던 시절이기도 하고, 가난이 오래 계속되었기 때문인지 익숙하기도 했다. 무엇보다 그 어려운 중에 주님께서 여러 면으로 은혜를 내려주셨기 때문이다.

초등학교 6학년 때 어머니는 가계에 보태기 위해 여러 가지 일을 하셨다. 내가 다니는 초등학교 정문 앞길에서 노점을 하셨다. 하교하면서 어머니의 자리에 앉아 노점을 대신 지키기도 했다. 공휴일에는 공원에 가서 전을 부쳐 파셨다. 나는 그곳에 따라가서 어머니가 부친 전을 쟁반에 담아 공원에서 쉬고 계신 분들을 찾아다니면서 팔기도 했다. 어떤 때는 멸치를 사서 집에서 다듬어 소분하고 그것을 노점에서 팔았다. 이때 멸치 다듬는 일을 도와드린 적도 있다. 새벽 시장이 마칠 시간이면, 배추 단을 정리하고 남은 배춧잎들을 주워 와서 국을 끓이기도 하셨다.

중학교에 입학하면서 이제 운동화를 신을 수 있다며 매우 즐거워했다. 그때까지 다른 친구들과 달리 나는 고무신을 신고 다녔었다. 그런데 중학생이 되면 교복을 입고 모자를 쓰고 운동화를 신는 게 규정이었다. 그래서 어머니와 함께 시장에 가서 까만색 교복을 600원을 주고 샀다. 그것이 가장 싼 교복이었다. 그래도 즐거웠다.

중학교 1학년 때 학급에서 가장 가난한 학생을 한 명 선발하여 육성회비를 면제해주었는데, 우리 반에서는 내가 선정되었다.

중학교 2학년 때 반장 선거가 있었다. 투표 결과 내가 반장으로 뽑혔다. 그때 담임선생님이 매우 난감해하셨다. 그 당시 반장은 나름의 경제적인 역할이 있었다. 교실 미화를 할 때 화분 같은 물품을 사서 비치해야 했고 그 외에도 대내외로 돈이 드는 일이 여러 가지였다. 가정형편이 어려운 내가 맡기에 반장은 버거운 자리였다. 담임선생님은 내가 반장이 되면 안 되는 이유를 조심스럽게 자세히 설명하고 다시 반장을 선출했다. 새로 뽑힌 반장은 실외반장, 나는 실내반장으로 임명되었다. 교실 안에서는 내가 반장이었지만, 운동장의 조회나 그 밖의 공식적인 행사 때는 실외반장이 그 역할을 맡았다.

중학교 2학년 때 난처한 일이 생겼다. 입학할 때 산 교복이 가장 싼 옷이어서 그런지 빨래만 하면 물이 빠지고 옷이 줄어들었다. 처음에는 까만 교복이었는데, 물이 빠지니, 회색을 거쳐 하얀색으로 변해 갔다. 하얀색에 가까워져 가는, 소매와 바지 밑단이 짧은 교복을 입고 등하교하는 것이 고역이었다. 팔목까지 올라온 상의는 그나마 참을 만했지만, 교복 바지가 무릎 바로 아래까지 올라와 양말 위로 10센티미터 정도 맨살이 드러나서 민망했다. 마침 사춘기 시절이라 교복 때문에 부끄러움을 많이 탔다. 이 때문인지 점점 조용하고 남 앞에 나서기를 싫어하는 성격으로 변했다.

내가 다니던 중학교는 미션 스쿨이었다. 그래서 의무적으로 성경 공부를 했고, 주일이면 교회 예배에 참석하고 출석 카드에 확인 도장을 받아서 학교에 제출하였다. 나는 주일마다 꾸준히 교회에 나갔다. 어느 주일 기도 시간에 목사님이 각자 자신의 기도 제목으로 하나님에게 기도하라고 하셨다. 나는 조용히 생각한 후에 "저의 하얀색 교복을 까만색으로 바꾸어주십시오"라고 기도했다. 그러고는 이내 '말도 안 되는 기도를 했다'고 후회했다. 이루어질 수 있는 일이 아니기 때문이다.

그 며칠 후에 공개 수업이 있었다. 학부모님들이 자녀들의 교실에 찾아오셨다. 나는 실내반장이었기에 교실 안에서 앞에 나가 발표했다. 까만색 물이 거의 다 빠져버린, 소매와 바지가 매우 짧은 교복을 입고 앞에 나와 발표하면서 나는 부끄러움으로 얼굴이 빨개졌다. 한 학부모님이 그런 내 모습을 유심히 지켜보셨다. 같은 반 친구의 어머니일 터인데, 아름답고 우아한 모습이 기억에 생생하다.

그다음 날 아침에 등교했는데, 친구 한 명이 내게 다가와서 조용히 말을 걸었다. 그는 부탁이 있다고 했다. 어제 자기 어머니가 공개 수업에서 나를 보았는데, 자기 교복을 나에게 줄 수 있는지 물어보라고 했다는 것이다. 자신은 작년에 산 교복이 몸에 안 맞아 새로 샀는데, 옛 교복을 선물로 주면 안 되겠냐고 했다. 나는 고맙다고 하면서 달라고 하였다. 다음 날부터 나는 친구에게서 얻은 교복을 입고 당당하게 등하교하게 되었다. 은근히 어깨가 으쓱하였다.

그때 학교에서는 전교 학생회 회장과 부회장 선출이 있었다. 선생님과 친구들은 나에게 전교 학생회 부회장 출마를 권하였다. 출마하여 당당하게 각 교실을 돌아다니면서 선거운동을 하였다. 그리고 전교생이 모인 운동장에서 당당하게 정견 발표를 하였다. 1,500여 명의 전교생이 투표하여 무려 1,400표 이상을 획득하여 전교 학생회 부회장으로 선출되었다.

교복을 선물한 친구는 나보다 키와 덩치가 컸기에 나에게는 옷이 컸다. 그렇지만 교복은 매우 품질이 좋았다. 세탁해도 색이 빠지지 않았다. 나는 그 교복을 고등학교 때까지 입었다. 매우 기뻤다.

돌이켜 생각해보면 믿음이 없던 시절이었다. 그래도 주님께서는 내 기도를 들어주셨다. 교복의 색깔을 바꾸어달라던 내게 그 친구와 어머니를 천사로 보내주셔서 아예 좋은 새 옷을 주신 것이다.

취직하고 결혼한 후에도 꽤 오래 형편이 나아지지 않았다. 그 당시로는 많은 보수를 받았지만, 아무것도 없이 출발했기에 경제적 기반을 갖추는 데 제법 시간이 필요했다. 그러나 마음으로는 풍족했다. 대학 때 속했던 선교단체 ESF는 부산에도 회관이 있었기에, 쉬는 날이면 부산 지역 선교단체 후배들이 우리 집에 찾아오곤 했다. 나는 기꺼이 집을 개방하고 식사를 대접했다.

회사를 세운 후에는 '자금' 사정에 쫓겼다. 의욕적으로 벌인 일이 많아서 그것을 수습하는 데 비용이 많이 들어갔기 때문이다. 월급날이나 거래처 지불 일자가 다가올 때 초조하고 고민되는 상황을 숱하게 경험했다. 나갈 돈을 미리 맞추어놓고 마음 편히 지낸 것을 손에 꼽을 정도이다. 경영을 하는 독자 여러분의 사정도 매한가지일 것이다.

그래도 하나님의 은혜가 임했기에 평강을 잃지 않을 수 있었다. 실제로 직원 월급을 밀리지 않고, 주어야 할 돈을 떼먹지 않고 사업을 꾸려갈 수 있었다. 세월이 지나면서 집도 마련하고 저축도 했다. 감사한 일이다.

지금은 회사와 개인 소득을 통해 들어오는 돈보다 나가는 돈이 더 많다. 국내외에서 작은 회사나 선교 기업을 경영하는 분들을 대상으로 교육과 컨설팅을 하고 선교 목적으로 국내외 청년들을 교육하는 일을 하고 있는데, 이 일에서는 수익이 생기지 않는다. 비용도 들어간다. 그래서 그동안 저축했던 부분을 조금씩 까먹고 있다. 하지만 이 돈 안 되는 일을 감당할 수 있어서 기쁘고 즐겁다.

경영자들에게 '돈'은 엄청난 고민거리다. 이 때문에 크고 작은 어려움을 겪지 않는 사람이 거의 없을 정도이다. 대부분 결핍감에 시달린다. 이때 재정적 안정을 위해 기도하고 노력하는 게 옳다. 하지만 돈에 얽매이지 마라. '이윤 추구', 즉 돈을 버는 게 기업 경영의 목적이라고 하지만, 거룩한 경영을 추구하는 크리스천 경영자들은 그렇게 생각해서는 안 된다. 돈은 우리에게 목적이나 성공의 지표가 될 수 없다.

빌립보서 4장 13절의 "내게 능력 주시는 자 안에서 내가 모든 것을 할 수 있느니라"라는 말은 축복의 뜻으로 자주 인용된다. 이 말씀에 기대어 입시에 성공하고, 전문 자격증을 따고, 큰돈을 벌고, 대형 프로젝트를 성공적으로 이끌 수 있다고 믿고 기도하는 사람이 많다. 물론 하나님의 뜻이 거기에 있다면 그렇게 될 것이다. 긍정적으로 생각하고 노력하는 것은 바람직한 자세이기도 하다.

그런데 바로 앞 구절인 4장 12절은 우리에게 한 차원 깊은 성찰을 요구한다.

"나는 비천에 처할 줄도 알고 풍부에 처할 줄도 알아 모든 일 곧 배부름과 배고픔과 풍부와 궁핍에도 처할 줄 아는 일체의 비결을 배웠노라"(빌립보서 4:12)

능력 주시는 자 안에서 우리가 할 수 있는 '모든 것'에는 풍부와 배부름만 있는 게 아니다. 비천과 배고픔, 궁핍도 기쁘게 받아들일 수 있어야 한다. 그 비결을 배워야 한다. 하나님은 우리에게 좋은 길을 예비하시고 좋은 것을 주시지만, 그 시기와 방식은 우리의 기대나 예측을 뛰어넘는다. 때로는 특정한 시기에 가난과 재정적 곤란함을 주기도 하신다.

이때 우리의 태도와 자세가 중요하다. 만약 이 상황이 나의 불의나 범죄, 게으름으로 초래된 것이라면 즉시 회개하고 그곳에서 벗어나야 한다. 주님을 만나고 진정한 혁신을 이루는 것이 관건이다. 그러나 성실히 기도하며 노력했는데도 여전히 경제적 어려움이 있다면 낙심하거나 원망해서는 안 된다. 그 속에 숨은 하나님의 뜻을 기대하고 기다리며 기도해야 할 것이다.

비록 경제적 어려움을 겪는 중이라 하더라도 평안을 누리고 기뻐하며 감사해야 한다. 돈을 향한 욕심과 염려에서 해방될 때 거룩한 경영을 할 수 있다. 물론 이것이 쉬운 일은 아니다. 사업을 해오며 같은 종류의 곤란을 겪어온 나로서는 속 편하게 할 수 있는 조언이 아님을 잘 알고 있다. 하지만 그렇게 해야 한다.

수많은 크리스천 경영자들이 궁핍과 곤란 속에서도 은혜를 체험하고 평강을 누리며 결국 멋진 열매를 맺었다. 지금도 곳곳에서 그러한 역사가 펼쳐지고 있다.

"비록 무화과나무가 무성하지 못하며 포도나무에 열매가 없으

며 감람나무에 소출이 없으며 밭에 먹을 것이 없으며 우리에 양

이 없으며 외양간에 소가 없을지라도 나는 여호와로 말미암아

즐거워하며 나의 구원의 하나님으로 말미암아 기뻐하리로다”

(하박국 3:17-18)

“여호와의 말씀이니라 너희를 향한 나의 생각을 내가 아나니

평안이요 재앙이 아니니라 너희에게 미래와 희망을 주는 것이

니라”(예레미야 29:11)

작은 사명, 큰 기쁨

가족, 친구들과 가까이 지내며 안정된 직장생활을 할 수 있으리라는 기대와 달리, 이름도 들어본 적 없는 낯선 곳이 첫 일터로 정해졌다. 지금은 시로 승격하고 발전한 도시의 모습을 갖추었지만, 그 당시 경남 양산군은 부산과 울산 사이에 있는 한적한 농촌이었다. 그중에서도 철마면은 더 시골이었다. 회사는 산속에 있었다. 멧돼지와 노루가 뛰어다닐 만한 곳이었다. 군사 무기를 만드는 특수성으로 인해 보안에 신경을 써서 입지를 그렇게 선택한 것으로 보였다.

입사 후 신입사원 연수를 받았고 부서에 배치되었다. 그 과정에 여러 사람을 만났는데, 모두 좋은 사람들이었다. 감사한 일이었나. 사리가 잡히자 회사 내 신우회를 찾아보았다. 외진 곳에 있더라도 규모가 큰 회사이니 당연히 신우회가 있으리라고 여겼다. 하지만 없었다.

크리스천 모임이나 동아리가 아예 존재하지 않았다.

이곳에서 신우회를 만드는 게 나에게 주어진 사명이라는 생각이 들었다. 하지만 조용하고 소극적인 성격에다 사교적이지 못한 나로서는 앞에 서는 데 큰 용기가 필요했다. 더욱이 신입사원으로서 튀거나 나대는 인상을 줄 위험도 있었다. 하지만 이것저것 따져서는 안 된다고 생각했다.

그런데 누가 교회에 다니는지 알 수가 없었다. 주변 동료나 선배 중에도 눈에 띄지 않았고, 그들도 누가 교회에 다니는 사람인지 모르고 있었다. 고민 끝에 인사팀을 찾았다. 직원들의 인사 기록 카드를 볼 수 없는지 물었다. 개인정보에 대해 예민한 지금은 상상도 할 수 없는 일이다. 하지만 그때는 개인정보에 대해 법률적으로나 문화적으로 민감하지 않았다. 그래도 인사팀 직원은 일단 "안 된다"고 하며, 도대체 무엇 때문이냐고 물었다. 나는 사람을 찾아야 하는데, 인사 기록 카드를 보면 알 수 있다고 말했다. 그러자 인사팀 직원은 인사 기록 카드를 내주며, 가져가거나 복사하는 건 절대 안 되고, 자기 옆에서 열람만 하라고 했다.

나는 인사 기록 카드를 한 장 한 장 넘기며, 종교란에 '기독교'라고 적힌 사람들의 부서와 이름을 메모했다. 100명 가까이 되었던 것 같다. 그리고 다음 날부터 점심시간이면 기록된 사람들을 찾아다녔다. 여러 부서를 일일이 찾아가서 "아무개 씨가 누구시죠?" 하며 묻고 당사자를 만나 대화를 나누었다.

"저는 이번에 입사한 신입사원 이강락입니다"라고 인사한 후에 잠깐 가벼운 대화를 나눈 후에 이렇게 말했다. "하나님께서 저와 선배님을 만나게 하신 뜻이 무엇이라고 생각하십니까?" 그리고 함께 성경 공부를 하고 중보 기도를 하는 신우회를 만들자고 제안했다.

그런데 이때 제안을 받은 사람 10명 중 9명은 거절했다. 심지어 화를 내기도 했다. 회사 안에 자신이 교회 다니는 것을 아는 사람이 아무도 없는데, 어떻게 알고 찾아왔느냐는 사람도 있었다. 1982년의 직장 문화는 회식과 술자리가 잦았다. 그 문화 환경에 적응하면서 생활하기 위해 자신이 크리스천이라는 것을 드러내지 않았던 것이다. 그래서 "믿는 사람끼리 신우회를 만들자"며 갑자기 찾아온 당돌한 신입사원이 반갑지 않았을 터였다. 부담감을 느끼며 다시 찾아오지 말라는 사람이 대부분이었다.

하지만 몇몇 분이 나를 반겨주었다. 박성수 씨, 권문길 씨, 김석주 씨, 최종열 씨가 기쁘게 맞이해주었으며, 그 후에도 몇 분이 나를 따뜻하게 대했다. 그들은 "그렇지 않아도 회사에서 함께 기도할 사람이 있으면 좋겠다고 생각했지만 뜻을 같이하는 사람을 찾지 못했는데, 정말 잘되었군요"라고 말했다.

사무실 쪽에서는 반응이 좋지 않았지만, 현장 몇몇 분을 중심으로 모임을 만들 수 있었다. 당시 회사 점심시간이 12시부터 1시였는데, 12시 5분에 회사 마당에 모여 둥그렇게 둘러앉아서 찬송하고 기도하는 시간을 30분쯤 가졌다. 그리고 12시 35분쯤에 함께 식당에 가서 서둘러 식사한 후에 각자의 자리로 흩어졌다. 매일 모여 함께 열심히 기도하는 동안, 모임에 참여하는 사람이 계속 늘었다. 기존 멤버가 한두 명씩 데리고 온 것이다.

그러던 중에 인사팀의 호출을 받았다. 점심시간의 종교 모임이 점점 커지자 이것을 문제로 인식한 것이었다. 그 주동자로 내가 지목되었다. 인사팀에서는 걱정을 늘어놓았다. "우리는 대우 가족입니다. 직장 안에서는 하나가 되어야 하지 않겠습니까? 그런데 기독교인들끼리만 따로 만나서 공개적으로 모임을 하는 것은 바람직하지 못합니다. 다른 종교를 가진 사람이 그것을 보면 불편할 수 있어요. 물론 회사 밖에서, 일과 이후에, 종교 활동을 하는 건 상관없습니다. 하지만 출근 시간과 퇴근 시간 사이에, 회사 안에서 종교 모임을 하지 않았으면 좋겠습니다."

그러자 내가 대답했다. "저는 하나님을 믿는 크리스천입니다. 크리스천 직장인으로서 제가 다니는 회사가 잘되기를 바랍니다. 그러기 위해 저와 같은 크리스천들이 모여 하나님께서 우리 회사가 잘되게 해주시기를 기도하는 게 가장 좋은 방법이라고 믿습니다. 그런데 그 기도를 몇 시부터 몇 시까지는 하지 않고, 회사 안에서 하지 않고… 이런 식으로 할 수는 없습니다. 할 수만 있다면 24시간 내내 기도하고 싶습니다. 우리는 그런 마음과 태도로 모여서 기도하고 있습니다. 그게 잘못된 건 아니지 않습니까?"

내 이야기를 들은 인사팀 담당자는 곤혹스러운 표정을 지었다. 그러자 인사팀의 다른 분이 중재에 나섰다. "이렇게 하면 어떨까요? 바깥에서 모이지 말고, 실내에서 모이시면 어떻겠습니까? 점심시간에 회사 강당이나 회의실을 사용할 수 있게 해드릴게요."

회사의 몇몇 사람들이 우리를 달갑지 않게 여긴 것은 위기가 아니라 기회가 되었다. 우리는 모임 장소를 제공받았을 뿐만 아니라, 회사의 공식적인 인증을 받은 셈이기 때문이다. 그 후 신우회 조직은 급물살을 탔다. 출범을 위한 회의를 거친 후 회사 인근의 두구동교회에서 창립 기념 예배를 드림으로써 '대우정밀기독신우회'가 공식적으로 출범했다. 나는 총무를 맡아 섬기기로 했다. 하지만 신우회의 초기 활동은 순탄하기만 하지는 않았다. 여러 어려움을 거쳐야 했고, 우리를 탐탁지 않게 여기며 활동을 제지하려는 움직임에 부닥치기도 했다.

당시 나는 회사 내 독신자 숙소에 거주했는데, 독신자 숙소 안에 신우회 회원들이 몇몇 있었다. 나는 매일 아침 일찍 일어나 그들의 방문을 두드리며 깨웠다. 함께 모여서 QT와 기도를 하자는 것이었다. 그러자 독신자 숙소의 사감 역할을 하는 기획실 과장이 나를 불렀다. "다들 밤늦게 퇴근해서 새벽에 곤히 자는데, 강제로 깨워서 불러내고 회의실에 모여서 노래 부르고 기도하는 건 옳지 못합니다. 회사 질서에도 어긋납니다. 앞으로 이런 일이 없었으면 합니다. 계속 그렇게 할 것이라면 기숙사를 나가주십시오."

그의 입장은 단호했다. 하지만 지금 물러설 수는 없었다. 그날 밤 나는 기획실 과장에게 장문의 편지를 썼다. 수십 페이지가 되었던 것 같다. 내가 왜 새벽마다 방문을 두드리며 같이 기도하자고 하는지에 대해 상세히 설명했다.

기획실 과장은 내 편지를 읽고 마음이 움직였다. 그는 나에게 말했다. "편지를 잘 읽었습니다. 좋은 목적과 좋은 태도로 그렇게 하는 것은 인정하겠습니다. 그래도 쉬고 싶은 사람을 억지로 깨우는 건 잘못입니다. 깨워달라고 한 사람만 깨우는 것은 허락하겠습니다." 이렇게 또 다른 인정을 받았다.

나와 신우회 회원들은 회사를 위해 열심히 일하고 동료들을 섬기는 데 헌신하고자 했다. 특히 직장 동료들을 섬기고 대접하는 데 열심을 다했다. 회사 임원들께 건의해서 사내에 결혼식을 못 올린 분들을 대상으로 합동결혼식을 열고 그와 관련된 준비를 하고 축가도 불러드렸다. 여름이면 일한 후나 점심시간 운동 후에 땀을 흘리는 분들을 위해 차갑게 적신 수건을 나누어드리는 등 크고 작은 봉사 활동에 적극적으로 나섰다.

집에서 멀리 떠나왔지만, 하나님과의 거리는 더 가까워졌다. 신우회 속에서 기도와 성경 공부, 직장 내 전도를 더 열심히 할 수 있었다. 이 멀고 깊숙한 산골에 나를 보내신 하나님께 감사의 찬양과 기도를 올려드렸다.

나의 리브가

대우정밀 근무 3년 차이던 1984년이 되자, 입사 동기들과 친구들이 하나둘 결혼을 하기 시작했다. 그들의 결혼식에 참석하고, 그들이 가정을 꾸리는 모습을 곁에서 지켜보면서 '나도 결혼할 때가 되었구나'라는 생각이 들었다.

나는 가능한 한 빨리 결혼을 하는 게 낫다는 판단이었다. 일찍 결혼해서 더 젊을 때 자녀를 낳으면 직장생활이 한창일 때 키울 수 있으니 힘이 덜 들겠다 싶었다. 만약 결혼과 출산이 늦어지면 모든 게 그만큼 늦어져 인생 후반부에 어려움이 생길 수도 있다고 보았다. 마침 친구와 동기들이 결혼하기 시작하니 나도 급한 마음이 들었다.

물론 회사 선배들로부터 사람을 소개받으라거나 맞선을 보라는 제안을 받은 적이 있었다. 하지만 당시는 구체적인 결혼 결심이 서지 않았던 때라 부담스러워 거절했었다. 하지만 이제 사정이 달라졌다. 교회 어른께 믿음 좋은 여성을 소개해달라고 부탁했다.

그런데 소개받은 여성은 이미 내가 잘 아는 사람이었다. 당시에 나는 두구동교회에 다녔는데, 청년회 회장을 맡고 있었다. 소개받은 사람은 청년회 부회장이었다. 중고등부 교사와 찬양대로 봉사하면서 주일이면 함께 있는 시간이 많았고 친근한 사이였다.

평소 잘 알던 사람이었기에 막연히 선을 본 것과는 달랐다. 결심이 빨리 섰다. 나는 성경을 읽으며 결혼에 대한 내 가치관을 정리하고 세 가지 다짐을 했다.

첫째, 가정은 화목해야 한다. 손뼉도 두 손이 마주쳐야 소리가 나듯 부부싸움도 한 쪽이 참으면 방지할 수 있을 것이다. 그래서 부부싸움 포기를 작정하겠다.

둘째, 성경에 "사람이 부모를 떠나 그의 아내와 합하여 그 둘이 한 육체가 될지니"(에베소서 5:31)라고 했듯이, 부부는 하나다. 아내의 과거와 현재와 미래를 모두 내 것으로 영접하고 함께할 것이다. 아내를 나 자신으로 받아들이겠다.

셋째, 살다 보면 의견이 다른 점이 생기고 갈등도 있을 것이다. 서로 다른 선택을 할 수도 있다. 이때 나는 아내를 설득하겠지만, 그래도 의견이 좁혀지지 않으면 아내의 뜻을 따르겠다.

이렇게 마음을 정한 후, 1984년 9월 첫째 주에 정식으로 청혼했다. 그런데 상대의 반응은 기대한 것과 딴판이었다. 드라마를 보면 청혼을 받은 여성이 감동하여 그 자리에서 승낙하는 경우가 많고, 반대의 상황이라면 즉시 거절한다. 그런데 그녀는 한동안 아무 말이 없었다. 그리고 "깊이 생각하고 이달 말까지 결정하겠다"라고 말했다.

집에 돌아와 생각해보니 완곡한 거절 같았다. 하지만 정식으로 거절한 건 아니니, 가능성이 있어 보였다. 이달 말까지 아직 25일이나 남았으니 내가 더 노력해야겠다는 생각이 들었다. 다음 날 회사 상사들께 부탁을 드렸다. "제가 결혼할 결심을 했습니다. 그러려면 데이트도 해야 하고, 시간이 필요합니다. 이달 말까지는 야근 없이 정시 퇴근하려고 합니다. 허락해주십시오." 상사들은 흔쾌히 허락해주었다.

우선 그녀가 무엇 때문에 망설이는지 파악해볼 필요가 있었다. 퇴근 후 약속을 잡아 밤늦게까지 이야기를 나누었다. 그녀는 마음을 여는 듯했지만, 헤어지면서 승낙의 뜻을 밝히지는 않았다. 다음 만남, 그다음 만남에서도 마찬가지였다. 그리고 드디어 9월 마지막 날, 그녀는 내 청혼을 받아들였다.

세월이 한참 지난 후 아내한테 그때 왜 그랬는지, 무슨 의도였는지 물어보았다. 기왕 승낙할 거였으면 바로 예스라고 해야지. 매일 만나면서도 답을 미루며 25일이나 애를 태운 이유가 궁금하다고 했다. 아내는 그 이유를 들려주었다. 자신이 미래 배우자에 대해 기도하며 떠오른 이미지가 10가시 정도 있는데, 나를 그 10가지에 맞춰보니 하나만 맞고, 아홉은 틀리더라는 것이다. 그런 상황에서 선뜻 승낙할 수는 없었다고 한다.

그 당시 내 모습은 전형적인 일 중독자 그 자체였다. 무정하고 감성이 무디며, 낭만과 유머는 찾아볼 수 없고, 칼같이 냉정한 데다, 일밖에 모르는 재미없는 사람이었다. 선뜻 정이 가기 힘들었을 것이다. 그렇지만 예수를 잘 믿고, 영원히 하나님을 따르고 섬기겠다는 의지가 확고한 나를 배우자로 삼기로 결심한 것이다.

그렇게 아내의 승낙을 받고 10월 첫 주에 부모님께 아내를 소개하며 인사했다. 그다음 주에는 처가 부모님을 만나 인사했다. 그렇게 양가의 허락을 받은 후에 교회 담임목사님께 말씀드렸다. 목사님은 진심으로 기뻐하며 축하해주셨다. 그런데 우리가 교회 예배당에서 결혼식을 하면 좋겠다고 하니 목사님이 난처해하셨다. 작은 교회라 본당 하나밖에 없고, 손님들이 식사할 공간도 마땅치 않다고 하셨다. 그런 이유로 지금까지 교회에서 결혼식을 치른 적이 없다고 한다. 하지만 목사님은 단칼에 거절하지는 않고 임시제직회를 열어서 의논하겠다고 하셨다.

그 주일에 임시제직회가 열렸다. "우리 교회 청년들이 결혼하는데, 교회에서 예식을 하고 싶어 하는데, 그럴 여건이 안 됩니다. 어떻게 하면 좋겠습니까?"라는 목사님의 말씀에 "당연히 교회에서 해야 합니다"라는 의견이 많았다. 그리고 한 가지 제안이 나왔다. 교회 본당 옆에 돼지 축사가 있었는데, 이것을 허물고 교육관을 짓자는 내용이었다. 그러면 앞으로 결혼식 손님은 교육관에서 모실 수 있다고 했다. 회의에서 그 의견이 받아들여졌다.

목사님이 나에게 언제쯤 결혼할 거냐고 물었다. 나는 "빠를수록 좋습니다. 다음 주도 괜찮습니다"라고 대답했다. "그래도 준비할 게 많을 텐데, 시간이 필요하지 않나요?"라고 하셔서, 나는 "가진 것도 없고 딱히 준비할 것도 없습니다"라고 말했다. 이런 의논 끝에 한 달 뒤인 11월 20일로 결혼식 날짜를 잡았다.

이제 한 달 안에 교육관을 지어야 했다. 전 교인이 자원하여 나서서 교육관을 짓는 데 헌신했다. 갑작스러운 교육관 신축의 계기를 제공한 나로서는 더 열심히 일하는 게 당연했다. 11월 20일 12시까지 교육관 신축 현장에서 일했다. 그때 어떤 분으로부터 "오후 2시 예식인데, 신랑은 가서 세수도 하고 최소한의 준비라도 하라"는 이야기를 듣고야 그 자리에서 일어났다. 이렇게 우리 부부의 결혼식과 교회 교육관 신축은 같은 날 이루어졌다.

신혼여행지는 김해의 무척산 기도원으로 정했다. 멋진 관광지로 갈 형편도 안 되었지만, 영적으로 의미 있는 신혼여행이 되기를 바랐기 때문이다. 어떤 분이 무척산을 추천해주었다. '無隻山'이라는 이름 뜻 그대로 '비길 데 없이 아름다운' 곳이라고 했다. 꼭대기에 호수가 있으며 산세와 경관이 멋지다는 말을 들었다.

무척산으로 신혼여행을 떠났다. 등반길은 '무척' 높고 험준했다. 사전답사를 안 하고 처음 가는 곳이라 길을 몰라 헤매면서 산길을 걸어 올라 간신히 도착하였다. 정상의 기도원에서 함께 기도하고 성경을 읽었다. 미래에 대해 의논하면서 가훈을 만들었다. 그때 만들어진 가훈이 "성령으로 말미암아 창조와 사랑을 이루는 목자의 가정"이다.

신혼살림은 보잘것없었다. 워낙 경제적 기반 없이 출발했기에 갖추어진 것이 별로 없었다. 결혼 후 1년 지나서 큰아들이 태어나고, 아내가 기저귀 빨래 등으로 힘들어할 때 세탁기를 샀고, 그로부터 1년 후에야 소형 냉장고를 마련했다. 물론 변변한 가구도 없었다. 심지어는 신혼 초에 우산이 하나밖에 없어서 비 오는 날 내가 출근한 후에 아내는 밖에 나가지 못하고 내가 퇴근하기를 기다린 적도 있었다.

그래도 고생스럽게 느끼지 않았다. 오히려 베풀 수 있는 마음의 여유가 샘솟았다. 나는 대학생활을 하면서 대학생 선교단체 ESF(기독대학인회)에서 훈련받았다. 그런데 우리 회사에서 멀지 않은 부산대학교 앞에도 그 회관이 있었다. 자연스럽게 부산의 후배들과 교류가 이루어졌다. 우리 부부는 신앙의 후배들을 위해 집을 오픈하기로 했다.

매주 토요일이면 후배들을 우리 집에 초대하였다. 가난한 고학생들이 많은 터라 그들은 늘 배가 고팠다. 우리는 그들에게 식사를 대접했다. 우리 집은 엘리베이터가 없는 4층 10평대 아파트였는데, 거실에 뷔페식으로 식사를 차려놓으면, 후배들은 거실에서 식판으로 음식을 담은 후에 1층부터 4층까지의 계단과 아파트 앞마당에서 밥을 먹었다. 실내가 좁아서 수십 명이 한꺼번에 들어올 수 없었기 때문이다.

2024년 11월 20일에 결혼 40주년을 맞이했다. 아내와 함께한 40년 세월은 감사의 제목이다. 결혼 40주년을 맞이하여 회고해보았다. 35여 년 전에는 명절마다 한 아들은 업고 한 아들은 손을 잡고 기차 시간을 맞추기 위해 뛰어다니며 400킬로미터를 오간 기억이 생생하다. 30여 년 전에는 부모님과 어린 두 아들을 몽땅 아내에게 맡겨놓고 나는 국내와 해외로 장기 출장을 다녔다. 25여 년 전에는 졸음운전으로 아찔한 사고가 났었다. 그때 놀란 아내는 지금까지 나에게 운전대를 맡기지 않는다. 본의 아니게 아내를 전속 운전기사로 채용한 셈이 되었다. 20여 년 전에는 내 투자 실수로 살던 집을 내어주고 전세로, 월세로, 단칸방으로 이사 다녀야 했다. 15여 년 전에는 내 판단 오류로 사업이 어려움에 처하여 구조조정을 해야만 했다. 10여 년 전에는 통풍의 증상이 매우 심하여 정상적인 활동이 불가능한 상황까지 이르렀다. 그러나 아내는 한 번도 따지지 않고 말없이 격려하며 무조건 응원하였다. 그 밖에도 늘 어려운 경제 사정으로 아내가 힘들어하는데도 위로의 말 한마디 제대로 건넨 적이 없다. 5년 전에는 오해로 인해 억울한 상황에 놓여 답답해했다. 대화하고 털어놓을 사람이 없어서 더 힘들 때 아내는 조용히 "하나님께 말씀드리세요"라고 권면했다.

2025년에도 진행하던 사업 중 하나가 폐업할 수밖에 없는 환경 속에서 문을 닫았다. 그럼에도 불구하고, 우리 부부는 한 번도 부부싸움을 한 적이 없다. 그 이유는 위기 때마다 아내가 참았기 때문이다.

하나님, 저에게 아내를 보내주셔서 감사합니다.

토기장이의 권한

1987년, 대우정밀에서 근무한 지 5년이 넘어가면서, 입사 동기 중에 회사를 떠나는 사람이 나오기 시작했다. 여기에는 그만한 사정이 있었다. 대우정밀은 병역특례 업체였다. 5년을 근무하면 병역 의무가 면제되었다. 그 전까지는 숨죽이고 지내다가 5년이 넘어가면 "제대했다", "자유의 몸이다"라고 환호성을 지르며 이직을 고려하곤 했다.

그 무렵에 구로공단에 위치한 기계 분야 연구소에서 연구원을 모집하는 공고가 났다. 이곳에 대해 알아보니, 국책연구소이고 사내 분위기도 좋고 평생직장을 보장하는 곳이라고 했다. 나는 마음이 움직였다. 무엇보다 서울이라는 환경이 가장 끌렸다. 회사에서는 일체 내색하지 않고 조용히 지원서를 냈다.

필기시험을 보러 갔더니, 학교 하나를 빌려서 시험을 치르고 있었

다. 한 교실에 40명씩 20개 교실이 꽉 찼다. 시험 감독관은 국책연구
소라 공채를 해야 하므로 공고를 냈는데, 1명 뽑는데 인원이 너무 많
이 왔다고 말했다. 가만히 계산해보니 경쟁률이 800:1인 셈이었다. 시
험을 치르고 내려가면서 괜한 일 했다는 생각이 들었다.

일찌감치 포기했기에 발표일에도 합격 여부를 확인하지 않았다.
그런데 명색이 수험생인데, 당락 정도는 확인해야 마무리하는 게 아
닌가 하는 생각이 들었다. 전화를 걸었는데 1명의 합격자가 바로 나
였다. 매우 기뻐서 눈물이 왈칵 쏟아졌다. 대입 때도 재수하고, 낮은
경쟁률의 대학원 시험에도 낙방했던 기억이 나면서 기쁨이 한층 더했
다. 이제 '불행 끝 행복 시작'이라는 느낌이 들었다.

'멀고 낯선 객지에서 5년 7개월을 고생하며, 나름대로 신앙생활을
열심히 했더니 하나님께서 복을 주셔서 서울로 되돌려 보내주시는구
나' 하는 생각이 들었다.

며칠 후 입사 절차를 밟기 위해 연구소를 찾았다. 인사팀에서 이
것저것 서류를 쓰고 입사와 관련된 이야기를 들었다. 그때 몇 급 몇
호로 호봉이 책정되었다는 이야기를 들었다. 호봉 체계는 기업이 엇
비슷한데, 연구소라 그런지 체계가 낯설고 이해가 되지 않았다. 좋은
건지 나쁜 건지 갈피를 잡을 수 없었다. 그래서 구체적으로 물어보았
다. "월급이 얼마인가요?" 안내하던 사람이 월급을 불러주었는데, 현
재 월급의 절반밖에 되지 않았다. 민간기업에서 국책연구소로 옮기는
것이라 급여가 10~20% 깎일 것이라는 생각은 했었다. 그런데 감소

폭이 너무 컸다. "그것밖에 안 되나요?" 나는 다시 물었다.

안내하는 사람은 그 이유를 자세히 설명해주었다. 연구소이기 때문에 호봉이 학위에 따라 차별적으로 부여된다는 것이다. 박사 학위 소지자의 호봉이 높으며 그다음은 석사이고, 학사는 호봉이 낮다고 했다. 나는 석박사 학위가 없고 연구원 신입이기 때문에 당연히 호봉이 낮을 수밖에 없었다. 5년 넘는 직장 경력은 전혀 인정되지 않았다.

5년 전으로 되돌아가 대졸 초임에서 다시 시작해야 할 판이다. 나는 "좀 부당한 것 같습니다"라고 항변했지만, 규정이 그렇기 때문에 어쩔 수 없다고 했다. 그리고 "어떻게 하실 건가요?"라고 물었다. 내가 결정을 해야 할 상황이었다. 인사 담당자가 민망했던 탓인지, 옆의 작은 회의실을 가리키며, 잠시 생각해보고 결정하라고 말했다.

텅 빈 회의실에 홀로 앉았다. 어떻게 해야 할지 막막한 느낌이었다. 손을 모으고 눈을 감았다. 그러자 성경 말씀이 떠올랐다.

"토기장이가 진흙 한 덩이로 하나는 귀히 쓸 그릇을, 하나는 천히 쓸 그릇을 만들 권한이 없느냐"(로마서 9:21)

토기장이이신 하나님께서 이렇게 말씀하시는 듯했다. '너를 친구들처럼 대학원에 보내지 않고, 인천의 대우중공업에 남기지 않고, 양산의 산골로 보낸 것은 나의 뜻이다. 너를 선택해서 쓰려고 그곳에 보냈는데, 너는 그곳이 싫다며 서울에 올라와서 살겠다고 하는구나.'

'나는 지금 왜 여기에 있는가?' 스스로를 돌아보았다. 주님의 은혜를 받아 크리스천이 되었는데도 나는 부귀, 영화, 명예, 권세, 출세, 성공 이런 데만 마음을 두고 있었다는 자책이 들었다. 양산의 산골짜기로 나를 부르신 하나님의 목적과 의도에는 관심이 없었다. 이제 급여가 문제가 아니었다. 낮은 급여가 책정되어 내가 정신이 번쩍 든 것은 맞지만, 이제 그보다 더 근본적인 문제를 짚어보아야 했다.

누군가는 금그릇, 누군가는 은그릇, 누군가는 질그릇으로 쓰임을 받아야 한다. 그런데 그것은 토기장이에 의해 결정된다. 하나님께서 나를 질그릇으로 쓰려고 대우정밀에 보내셨는데, 거기서 도망쳐 다른 곳에 가려고 시험을 보고 월급이 적다고 당황하고 있으니 한심스러운 상황이었다.

나는 그리스도인이라고 하면서도 하나님을 사랑하지 않았다. 하나님께서 나를 부르신 목적과 의도에 대해 깨달으려 하지 않았다. 내 인생의 주인은 나였으며, 내 미래를 내가 설계할 수 있다고 생각했다. 내 뜻대로, 내가 원하는 대로 살기를 원할 뿐, 하나님께서 나에게 무엇을 원하시는지에 대해서는 작은 관심도 두지 않았다. 참으로 이기적이고 자기중심적인 사람이었다. 이런 내 모습이 생생하게 드러났다.

하나님께 죄송스러운 생각이 들었다. 신우회를 만드는 데 주도적인 역할을 했던 것을 자랑스럽게 여기면서도, 아직 완전히 자리를 잡지 못한 신우회를 떠나는 것을 염려하지 않았던 것이 부끄러웠다. 짧은 순간이었지만 돌아보고 반성할 것이 참으로 많았다.

결단의 마음이 생겼다. 앞으로는 하나님께서 원하시는 길이 무엇인지를 기도하며 여쭙고 그 길을 가야겠다고 다짐했다. 지금 이 길은 하나님께서 원하시는 방향은 아니라는 깨달음이 왔다.

회의실을 나왔다. 그리고 인사 담당자에게 종이 한 장을 달라고 해서, 이렇게 썼다. "입사 포기서. 이강락. 본인의 일신상의 사유로 입사를 포기하고자 하오니 허락해주시기 바랍니다." 입사도 하지 않고 사직서를 쓴 셈이다.

인사 담당자가 "왜 그러시냐?"고 물었다. '좋은 기회인데, 당장 월급이 좀 적다고 포기하느냐'는 표정이었다. 내가 대답했다. "제 길이 아닌 것 같습니다. 사실 제 길이 따로 있는데, 이제 저는 제 길을 걷겠습니다."

그날의 일을 계기로 진로를 결정하거나 선택을 할 때의 기준이 명확해졌다. '나는 토기장이의 뜻에 따라 쓰임이 결정되는 그릇이다. 그 사명을 기쁘게 받아들이는 게 최선이다.'

밤차를 타고 대우정밀공업㈜로 복귀했다. 1987년 한여름의 꿈 같은 이야기다.

시냇가에 심긴 나무처럼

이직에 대한 욕심을 내려놓은 후부터 직장생활이 그야말로 승승장구하며 탄탄대로를 달렸다.

내가 근무했던 회사가 속한 대우그룹에서는 매년 그룹사 혁신 활동 경진대회를 개최하였다. 1988년, 대우그룹에서 계열사별로 혁신 사례를 선정하여 '과학적 관리 기법 사례 발표 대회'를 개최했다. 각 계열사에서 발표자 1명씩을 뽑아 혁신 사례를 발표하였는데, 이때 내가 대우정밀 대표로 참가했다. 그때 발표를 연습하며 직장 선배인 고재호 TQC(전사품질관리) 과장의 혹독한 지도를 받았다. 발표 전날에는 지적 사항이 많아 저녁 6시부터 새벽 4시까지 하나하나 보완하는 연습을 했다.

그룹 내에는 규모가 크고 경영이 탄탄한 계열사가 많았다. 대우중공업, 대우자동차, 대우전자, 대우조선, 대우건설 등은 이른바 잘나가는 회사였다. 그 회사의 대표들을 물리치고 대회에서 1등인 금상을 차지했다. 상금으로 200만 원을 받았다. 당시 대졸 신입사원 연봉이 400만~500만 원이었으니, 매우 큰 금액이다. 이 상금으로 대우정밀 기술연구소 연구원들이 이동할 때 사용할 중고 승용차를 샀다.

1990년에는 기계공정설계 분야의 기계기술사 자격증을 땄다. '기술사'는 기술 현장에서 일하는 엔지니어가 딸 수 있는 자격증 중 가장 높은 등급이다. 그 당시 대우정밀의 엔지니어가 400명가량이었는데, 그중 기계기술사는 나를 포함해 4명밖에 되지 않았다.

1991년에는 기술연구소 개발팀장으로 일하면서 프로젝트 매니저 역할을 맡았다. 회사의 사업을 7개 분야로 나누어 사업별 손익 관리를 하는 사업관리위원회에 한 분야의 책임자로 참여하여 전사적인 사업 관리 및 조정 작업에 힘을 보탰다. 개발팀이 속한 기술연구소는 사장 직속조직이고 개발팀은 바로 하위 부서였으니, 내가 보고할 상관은 기술연구소장과 사장 두 사람밖에 없었다. 업무 협의를 위한 일본과 미국 등 해외 출장도 자주 경험했다. 1980년대에는 직장인이 해외 출장을 가는 것이 보편적이지 않았다.

대우정밀에서 첫 5년은 회사 내에서 조용히 일하는 데 집중했다면, 그다음 5년은 직책도 갖고 대외 활동을 하며 돌아다니면서 리더로서 업무를 조율하고 팀원들을 이끌며 책임감을 길렀고, 다양한 사업을 경험할 수 있었다. 후에 생각하니 그 기간은 단순히 잘나가던 때가 아니라 여러 면에서 실무 훈련을 받던 시기였다.

그러다 문득 대우정밀에 발령받던 때의 기억을 떠올렸다. 사실 수도권이 아닌 지방에 소재한 대우정밀로 가서 근무하는 것이 반갑지 않았다. 낭패감 같은 것도 느꼈었다. 앞으로 먼 길을 돌아가야 할 것 같았다. 하지만 지금 뒤돌아 생각해보니 나에게는 이 길이 지름길이었다. 내가 서울대학교 출신이긴 하지만, 수석은 아니다. 내 주변 동기나 선배 중에 똑똑하고 뛰어난 사람이 엄청나게 많았다. 그들은 실무 역량이 뛰어날 뿐만 아니라 영어 같은 외국어에도 능통했다. 만약 내가 당시 대우중공업의 한 부서에 배치되었다면, 그들 사이에 묻혀서 두각을 드러내기 어려웠을 것이다.

대학원에 진학했다면 어땠을까? 석사과정이나 박사과정에서 열심히 공부했을 것이다. 그런데 대학원에 진학한 선후배, 동기 중에는 탁월한 논문을 쓰며 훌륭한 연구 업적을 이룩한 사람이 많다. 아무리 생각해보아도 내가 그들만큼 잘하기는 어려웠을 것 같다.

소심하고 소극적이며 수줍음을 많이 타고, 사교적이지 않아서 영업이나 폭넓은 인간관계를 맺는 데 어려움을 느끼는 나의 기질이나 성격에 비추어볼 때, 경쟁이 치열하고 비교 대상이 많은 거대한 조직 속에서 부대꼈다면, 내 성장에는 많은 제한이 주어졌을 것이다. 때로는 좌절하거나 열등감을 느꼈을 수도 있다.

대우정밀은 이런 나를 위해 주님께서 배치해주신 맞춤형 직장이었다. 대우정밀에 입사한 후에 3개월 정도 연수를 받았다. 연수 시기에 일과가 끝나면 입사 동기들은 놀기에 바빴다. 나는 술·담배도 안 하고 회식 자리에 끼지도 않으니 따로 갈 데가 없었다. 시간이 남아서 그날 연수 내용을 복습하고 다음 날 배울 것을 예습했다. 연수가 끝 난 후 시험을 보았는데, 내가 1등을 한 것은 어찌 보면 당연한 일이었 다. 회사는 연수 성적이 좋은 나에게 부서 선택권을 주었다. 그때 생 산기술부 지원기술과를 선택했다.

서울대 공대 출신에 공식적인 공채 1기생이며 연수 성적 1등인 나 는 사내에서 주목을 끌었다. 직장상사와 동료들이 거는 기대도 컸다. 중요한 일도 많이 맡았고 승진도 남보다 빨랐다. 그러면서 값진 경험 을 쌓고 기술적 역량을 단련할 수 있었다.

나는 예나 지금이나 외국어에 자신이 없다. 그런데 기회가 주어지 고 자주 부닥치면 그조차도 실력이 는다. 회사로 일본 손님이 방문하 곤 했는데, 나는 일본어를 잘하지 못했다. 하지만 업무 책임이 있으니 만나야 했다. 서툰 실력에 보디랭귀지를 써가며 간신히 소통한 후에 는, 시간을 갖고 보고서를 제대로 써서 보내곤 했다. 이런 과정을 몇 번 경험하니 일본 손님을 응대하는 게 하나도 어렵지 않게 되었다.

잘 못해도 기회를 주고, 조금만 잘해도 크게 칭찬해주는 분위기 속에서 실력을 기를 수 있었다. 나에게는 대우정밀공업주식회사가 성 장률의 기울기를 가장 높게 만들어주는 곳이었다.

이렇게 좋은 성장 코스가 어디에 또 있겠는가? 지금도 나에게 최 고의 첫 직장을 골라주신 하나님께 감사하며, 당시 사장님, 기술연구소장님을 비롯해 상사들 그리고 동료들과 특히 신우회 멤버들에게 고마운 마음을 가지고 있다.

내가 근무할 당시 대우정밀은 시기별로 여러 사장님이 이끄셨는데 그중 한 분이 유기범 사장님이었다. 그분은 (주)대우에서 부사장으로 계시다가 대우정밀 사장으로 부임했다. 매우 치밀하고 꼼꼼한 분이었다. 디테일에 강하셨다. 한 번씩 불려가면 이런저런 허점 때문에 호된 질책을 듣기 일쑤였다. 철저히 준비해도 사장님 앞에서는 빈틈이 발견되었다. 그렇게 야단을 들을 때는 온몸에 소름이 돋을 정도로 가혹했다. 내가 개발팀장일 때는 리더에 걸맞은 책임감을 가지고 철저하게 일하라고 주문하셨다. 이분의 혹독한 질책도 나에게는 성장의 자양분이 되었다.

여름휴가가 시작되기 전이었는데, 유기범 사장님이 기술연구소에 불쑥 찾아오셨다. 그리고 나를 부르셨다. '또 무슨 일인가?' 하고 가슴이 조마조마했는데, 자리에 앉으라고 하셨다. 그러더니 봉투를 하나 꺼내서 나에게 건네셨다. 그러면서 "이강락 씨가 요즘 고생을 많이 하고 있는데, 마침 휴가 때라 내가 특별 휴가비를 주는 거야. 가족에게 잘 이야기하고 외식을 하든지, 선물을 하든지 해"라고 말씀하셨다.

당시의 일반적인 기업 문화에 비추어보았을 때, 사장에게 특별히 호출을 받아서 급여 외 금일봉을 받는 건 예외적이고 특별한 경우였다. 내가 짐작하기로 회사 내 몇 사람만 특별히 챙긴 것 같다. 직장인으로서 사장이 따로 신경 쓰는 사람이 되었다고 생각하니 자신감이 샘솟고 하나님께 감사의 마음이 생겼다.

이러한 평가를 받으면서 지나온 시간을 뒤돌아보니 감사할 일이 너무나 많았다. 대학원 시험에 낙방하고, 대우중공업에 입사했다가 엉뚱한 곳에 배치된 것은 나에게는 하나님께서 주신 큰 선물이었다. 나는 한때 기도 응답을 받지 못했다고 여겼는데, 사실은 더 좋은 쪽으로 응답해주신 것이었다. 하나님께서는 각자에게 가장 최선의 길을 예비하시고 인도하신다는 생각이 들었다.

회사 내에서 중책을 맡았을 뿐 아니라 대우그룹 강사가 되어 대우중공업, 대우자동차, 대우전자 같은 회사의 초청을 받아 임직원 대상 강의를 하고, 또한 대우 중앙연수원에서도 강의할 수 있게 되었다.

사방에서 우겨 싸는 듯 답답함을 느끼는 독자분들이 계실 것이다. 지금 상황이 무겁고 서글프고 이해되지 않을 수도 있다. 하나님께서 기도에 응답하지 않으신다고 느낄 수도 있다. 그러나 우리 예상이나 기대와는 다른 하나님의 계획이 존재한다. 온전히 하나님께 맡긴다면, 하나님과 연결된 끈을 놓지 않는다면 머지않아 그 뜻을 알게 될 것이다. 시냇가에 심긴 나무가 풍성한 열매를 맺는 역전을 경험하게 될 것이다. 기도하자.

"우리 가운데서 역사하시는 능력대로 우리가 구하거나 생각하는 모든 것에 더 넘치도록 능히 하실 이에게"(에베소서 3:20)

그리하면 네 길을 지도하시리라

대우정밀의 개발팀장으로서, 그리고 신우회 회장으로서 주어진 소명을 열심히 담당하며 생활하던 중 뜻밖의 스카우트 제안을 받았다. 제안한 곳은 '한국능률협회컨설팅'이라는 조직이었다. 그때까지 컨설팅 업종에는 한 번도 관심을 둔 적이 없었고, 내가 컨설턴트가 되리라고는 상상도 하지 않았었다. 매우 생소하게만 느꼈다.

1988년에 대우그룹의 과학적 관리 사례 발표에서 금상(1위)을 받고, 그룹 강사로서 계열사와 중앙연수원에서 임직원 대상 강의를 하면서 외부 컨설턴트나 기업 교육 강사들과 만나 인사하곤 했다. 그러면서 내가 컨설팅 업계 사람들 눈에 띄었을 것이라 추측한다.

그리고 당시 삼성, LG, 대우 등 재벌그룹별로 1명씩 선발하여 정부 지원으로 일본 산업능률대학에 연수를 보냈는데, 대우그룹에서는 내가 선발되었다. 이때 선발된 과정이 재미있다. 연수생 선발을 한 국표준협회에 위탁했는데, 이 기관에서는 임의로 평가할 수 없어 표준협회에서 교육을 받은 대우그룹 직원들의 교육 성적을 참고해 선발하기로 방침을 정했다. 그 당시에는 외부 교육을 가면 해방감에 들떠 휴가 온 듯한 분위기가 형성되기도 했다. 낮에 대충 교육받고, 저녁이면 술 마시고 노는 사람이 많았다. 나는 표준협회 교육을 받을 때 그런 분위기에 끼지 못하고 저녁마다 외톨이가 되어 공부에 열중했다. 교육 마지막 날에 시험을 보았는데, 백지를 내는 사람도 더러 있었다. 꾸준히 공부해온 나는 100점을 받았다. 나중에 표준협회에서 일본 연수 갈 사람을 선발하려고 대우그룹 교육생들의 교육 성적을 살펴보니 나의 100점짜리 성적표가 눈에 들어왔다고 한다.

이 연수를 갔다 와서 논문을 제출했는데, 그것이 우수 논문으로 선정되어 상도 받고 추가로 계속해서 논문을 낸 적이 있다. 이런 일들이 계기가 되어 컨설팅 업계에서 나에게 관심을 두었고, 스카우트 제안까지 이르게 된 것이다.

앞에서 이야기했듯이, 나는 성급하게 이직을 결심했다가 큰 깨달음을 얻은 경험이 있기에 그 제안을 마음에 두지 않았고 단칼에 거절했다. 대우정밀 신우회 회장으로서 섬기는 것이 여전히 내 사명이라고 여겼다.

거절의 뜻을 명확히 밝혔는데도 계속 연락이 왔다. 한번은 누군가가 전화해서는 "이강락 씨를 만나러 서울에서 달려왔습니다. 지금 부산고속버스터미널에 있습니다. 퇴근 후에 차 한잔하시면서 잠깐 이야기 나누는 정도도 안 되겠습니까?”라고 말했다. 멀리서 온 사람의 수고를 생각할 때 만남 자체를 거절하는 건 예의가 아니다 싶어서 그분을 만나 잠깐 대화했다. 그 자리에서 컨설팅 업종의 전문성과 자유로움 같은 장점과 미래 전망에 대해 들었다. 하지만 크게 관심이 기울지 않았다.

그 후로 여러 차례 연락을 받았다. 그런데 점차 ‘나에게 컨설팅은 낯설고 관심이 없는 영역이지만, 하나님께서 따로 계획이 있으신 건 아닌가? 만약 하나님의 뜻이라면 따라야 한다’ 하는 생각이 들었다. 분별력과 지혜가 필요했다.

“너희 중에 누구든지 지혜가 부족하거든 모든 사람에게 후히 주시고 꾸짖지 아니하시는 하나님께 구하라 그리하면 주시리라”(야고보서 1:5)

“너는 마음을 다하여 여호와를 신뢰하고 네 명철을 의지하지 말라 너는 범사에 그를 인정하라 그리하면 네 길을 지도하시리라”(잠언 3:5-6)

말씀에 의지했다. 무조건 안 된다고 거부하지 말고, 기도하면서 결정하기로 마음을 정했다. 하나님의 뜻과 지혜를 구하는 기도를 하며,

가까운 선배 일곱 분께 상담을 요청했다. 그런데 일곱 명이 모두 이직하는 게 좋겠다고 말해주었다. 이때 가장 적극적으로 권한 사람이 대학 때 한국기독대학인회(ESF) 선배인 이화여대 경영학과 김성국 교수였다.

하지만 나는 선뜻 결심이 서지 않았다. 그분들은 당사자가 아니기에 내가 과거 이직을 결심했을 때의 깨달음을 잘 모르고, 대우정밀에서 10년 세월을 거치며 성장해온 것과 이 조직에 대한 내 애정에 대해서도 제대로 알 수 없다는 생각도 들었다. 경솔하게 움직이고 싶지 않았다. 나는 이직을 권유하는 김성국 교수를 만난 자리에서 질문했다. "선배님, 그렇게 권하시는 이유나 근거가 있습니까? 제가 그곳에 적합하다고 보십니까?" 그러자 김성국 교수는 이렇게 대답했다.

"네가 스카우트 제안을 받고 이 길이 하나님의 뜻인지 고민 중이라고 말하는 걸 듣고 처음에는 선뜻 조언할 수 없었어. 나도 잘 모르니까. 그래서 자세히 알아보아야겠다고 생각했어. 여의도에 있는 한국능률협회컨설팅을 방문해서 회사를 둘러보고 거기서 일하는 사람들도 관찰했어. 내가 생각했던 것보다 훨씬 더 좋은 회사였어. 그리고 사람들이 똑똑하고 스마트해 보였어. 하지만 인상만으로 판단할 수 없어서 직원을 한 사람 만나서 한국능률협회컨설팅의 고객사 명단을 볼 수 있냐고 요청했어. 담당자를 소개받아서 고객사 리스트를 받을 수 있었지. 그리고 그 회사들에 전화를 걸어 한국능률협회컨설팅이 어떤 곳인지, 거래는 만족하는지를 질문하며 평판 조회를 했어. 그리고 내 후배가 이곳에서 근무할지를 고민하는데, 어떻게 하면 좋겠는지도 직접적으로 물어보았지. 대부분 훌륭한 회사라고 말하고, 후배분이 근무하는 것을 추천한다고 했지. 이 정도면 근거가 충분하지 않니?”

나를 위한 김성국 교수의 열의에 깊이 감동했다. 매우 고마웠다. 아무리 선배라고 하지만, 후배가 이직을 고민하는 회사에 직접 방문하여 분위기를 파악하고, 고객사를 통한 평판 조회까지 하는 것은 결코 쉬운 일이 아니다. 나에 대해 잘 아는 사람이, 이렇게 정성을 다해 알아본 후에 추천하는 직장이라면 신뢰할 만하다는 생각이 들었다.

그 무렵 기도하며 말씀을 읽는 중에도 이제 자리를 옮기는 것도 괜찮겠다는 마음이 들었던 데다가 상담을 요청한 분들이 만장일치로 권하기에 ‘이것이 하나님의 뜻이구나’ 여기며 결정했다.

하지만 퇴사는 쉽지 않았다. 내가 사직서를 내려고 하자, 권오준 사장님이 급하게 나를 호출했다. 그러고는 “나는 대우정밀공업주식회사의 대표로서, 이강락 씨의 사직을 절대 허락할 수 없습니다”라고 단호히 말씀하셨다. 그러고는 전화를 걸어 인사팀장을 불렀다. 그리고 “내가 이강락 씨 사의를 공식적으로 거절했으니, 앞으로 이강락 씨 사직서가 인사팀으로 접수되면 그 즉시 찢어서 없애버리세요”라고 지시했다.

나를 아끼는 마음은 말할 수 없이 고마웠지만, 매우 난처했다. 제법 오래 기도하며 고민하고 여러 사람과 상담한 후에 겨우 뜻을 정했는데, 사장님이 완강하게 안 된다고 하니 마음이 무거웠다.

그때 나와 가까웠던 재무 담당 임원께서 사정을 듣고는 사직 기안서 공식 양식을 구해주었다. 하지만 이것을 작성한 후에 결재란의 사인을 모두 받는 게 쉽지 않았다. 처음 결재를 해주어야 할 직속상관인 기술연구소 소장께서 거절하셨다. "내가 이 서류에 사인을 해주어 회사의 인재를 잃으면, 앞으로 다른 인재들이 회사를 떠날 때 내가 거절하고 설득할 명분이 없어요. 나는 사인을 할 수 없으니, 내 사인 없이 퇴사할 방법을 찾아보세요."

난감했다. 하지만 이 또한 감사한 일이었다. 10년 열심히 일한 회사에서 떠나겠다고 하는데, "어서 가세요"라며 등을 떠민다면 얼마나 슬프겠는가? 좋은 직장을 주시고, 이곳에서 성장하며 인정받게 하신 하나님께 감사의 기도를 드렸다.

우여곡절 끝에 사직 서류를 제출했는데, 인사과에서는 정식 접수하지 않고 보관만 하다가, 법적 시한이 지나자 자동으로 퇴사가 처리되었다. 아쉽고 마음 아팠다. 그리고 한편으로는 새롭게 펼쳐질 길에 대한 기대가 컸다.

섬김을 배우다

1992년 1월, 정들었던 첫 직장을 떠나 한국능률협회컨설팅 컨설턴트로 새로운 경력을 시작했다. 나를 이곳으로 이끄신 하나님께서 어떤 사명과 과제를 주실지는 잘 몰랐다. 그렇지만 대우정밀에서 그랬던 것처럼 성과를 내고 인정받으며 열심히 일하게 될 것이라고 기대했다. 내 능력보다는 하나님의 선하신 인도를 의지했다.

그런데 컨설턴트로서의 출발은 매끄럽지 못했다. 아니, 낙오자 수준이었다. 우선 새로운 조직 문화에 적응하지 못했다. 제조업체인 대우정밀은 선후배와 동료 간 유대가 끈끈하다. 따뜻하고 활기찬 분위기다. 그런데 전문가 조직인 컨설팅 회사는 개인이 한 회사처럼 독립적으로 움직였고 협력보다는 경쟁이 심했다. 이것은 자연스러운 일이었다. 프로젝트 수주를 두고 회사는 물론 팀 내부에서도 경쟁을 펼쳐야 하는 상황이기 때문이다. 그래서인지 텃세가 존재했다. 나를 경계하는 분위기도 느껴졌다.

이런 환경 속에서 나는 점점 사내의 외로운 섬처럼 고립되어 갔다. 이른바 직장 내 '왕따'가 된 셈이다. 입사한 지 3개월쯤 되었을 때 임원 한 분께 불려가 면담을 했다. 그 자리에서 충격적인 이야기를 들었다.

"컨설팅 업계에는 성공하는 조건 10가지와 실패하는 조건 10가지가 불문율처럼 전해지고 있어. 그런데 자네는 실패하는 조건 10가지를 완벽하게 갖추었네. 이런 사람은 처음이야."

그는 내가 다른 업종으로 이직하는 게 더 낫겠다고 조언했다. 컨설턴트는 사람을 상대하는 직업인데, 나는 도대체 어울릴 줄을 모른다고 했다. 술자리에 끼지도 않고, 유머 있는 말 한마디 제대로 할 줄 모르고, 취미도 하나 없는데, 어떻게 교제를 하고 친분을 만드냐는 말이었다. 그리고 변화 관리를 주도해야 할 컨설턴트가 그렇게 소극적이고 사교적이지 못해서 무슨 일을 할 수 있겠느냐고도 했다. 그분의 지적은 충분히 일리가 있었다. 3개월여를 허송세월하며 지내면서 내가 느껴오던 점과도 통하는 부분도 있었다.

집으로 돌아와 기도했다. "하나님, 제가 매우 힘들고 어려운 과정을 거쳐서 컨설팅 회사로 옮겨왔는데, 이 일이 저에게 적합하지 않다고 합니다. 이제 어떻게 해야 합니까?" 이 기도에는 지금 처지에 대한 서글픔과 함께 원망과 두려움이 섞여 있었다.

깊이 기도하며 묵상하는 중에 여러 가지 생각이 스쳤다. 마치 하나님과 대화하는 것 같았다.

"너는 대학 시절에 ESF에서 활동하고 대우정밀에서는 신우회 회장을 하면서 섬겼는데, 선교와 미션을 무엇이라고 생각하느냐?"

"안 믿는 문화권에 가서 하나님 나라 확장을 위해 수고하고 헌신하는 활동이 아닙니까?"

"너는 컨설팅 업종이 선교해야 할 문화권이라는 생각이 들지 않느냐? 그냥 돈벌이 중의 하나인 것이냐?"

나는 가슴을 두드리며 고꾸라졌다. 그때 나는 "내가 크리스천이라서, 술·담배를 하지 않아서, 성격이 내성적이라서 컨설팅 업종에 적응하기 힘들다"라고 투정하고 있는 셈이었다. 내가 생각도 못 했던 새롭고 좋은 길로 이끄시는 하나님의 은혜를 여러 번 경험했으면서도, 어려움이 생기면 그 믿음을 잃는 허약한 존재가 나였다. 기적을 경험하며 이집트를 탈출했음에도 원망을 일삼으며 광야를 헤매던 이스라엘 백성과 같았다.

"내가 너를 컨설팅 업계의 비즈니스 선교사로 보냈다. 그런데 이렇게 나약한 마음을 품고 있어서 되겠느냐?"

나는 마음을 새롭게 다잡았다.

"내가 네게 명령한 것이 아니냐 강하고 담대하라 두려워하지 말며 놀라지 말라 네가 어디로 가든지 네 하나님 여호와가 너와 함께 하느니라 하시니라"(여호수아 1:9)

그리스도인답게 이 어려움을 극복해야 했다. 조직 문화에 적응하겠다고 흡연실을 들락날락하고, 술자리를 전전할 수는 없었다. 볼링이나 테니스, 골프 등을 배우는 데는 시간과 여유가 부족했다. 이렇게 다른 사람이 하는 대로 할 생각은 추호도 없었다.

다음 날 출근했는데, 사무실에 혼자 있었다. 모두가 업체 방문 및 컨설팅 프로젝트 수행 중이었다. 고객도 없고 지시받은 일도 없는 나에게 딱히 업무가 있을 리 없었다. 무언가 붙잡고 공부하는 게 최선이었다.

나는 사무실 벽에 붙은 컨설턴트들의 일정표를 보며 마음이 닿는 한 사람을 주목하였다. 그가 어떤 기업에서 어떤 주제로 강의를 한다는 정보를 보면서 마치 내가 그 강의를 맡았다는 생각으로 해당 자료를 정리했다. 내 강의를 준비한다는 마음가짐으로 참고될 만한 책을 복사하고 도표를 오려 붙이고 컬러 펜으로 강조 표시도 하면서 충실한 강의안과 OHP 교재를 하루 내내 만들었다.

퇴근 시간에 그 강의를 담당한 컨설턴트가 사무실에 들어와 자료를 찾고 있는 것을 보았다. 상황을 파악하고 그에게 다가가 자료를 담은 봉투를 건넸다. "며칠 후에 A 기업에서 강의하신다고 들었습니다. 제가 마침 정리한 게 있는데, 도움이 되었으면 좋겠습니다." 봉투를 열어 내용물을 본 그는 깜짝 놀라며 "이걸 나한테 줘도 됩니까?"라고 물었다. 나는 "제가 공부한 건데, 사용할 데도 없고… 아까울 게 있겠습니까. 유용하게 쓰시면 됩니다"라고 웃으며 답했다.

다음 날에도 일정표를 보며, 또 한 사람을 선택해서 그가 맡은 주제로 자료를 만들었고 역시 그에게 선물했다. 그다음 날도 마찬가지였다. 이런 식으로 제법 많은 강의안과 교재를 선물하며 쌓아갔다. 사람들은 내가 제공하는 자료를 좋아했고 긴요하게 썼다. 거기에는 발표 대회에서 1등을 하고 우수 논문상을 받은 관록이 들어 있으며, 기회가 되면 직접 강의하고자 하는 간절한 마음이 담겼기 때문이다.

그러던 중에 한 컨설턴트가 나에게 찾아와서 이렇게 말했다. "이강락 씨가 하루에 한 명씩 자료를 만들어주고 있는데, 좋은 마음에서 하는 일로 압니다. 그렇다면 굳이 한 명에게만 줄 필요가 있나요, 복사해서 모두에게 나눠주십시오." 나는 이 제안이 좋다고 생각하여 그날부터 내가 만든 자료 전부를 복사해 본부 내 모든 컨설턴트에게 공유하였다.

그리고 내가 만든 자료의 가독성이 뛰어나고 형식과 내용이 훌륭하니, 기존 자료를 내 포맷으로 수정해달라고 부탁하는 사람도 있었다. 졸지에 나는 비공식 교재 편찬 위원이 되어 있었다.

이렇게 해서 서서히 동료들과의 막힌 벽을 허물 수 있었다. 더는 점심시간에 홀로 남겨져 여의도 식당가를 어색하게 헤매지 않게 되었다. '컨설팅 업계의 비즈니스 선교사로 파송되었다'는 사명을 품고, 관점을 새롭게 한 이후 나는 마음가짐이 극적으로 변했다. 내가 직장에서 만나는 사람은 단순한 동료거나 경쟁자가 아니었다. 그들은 섬김과 선교의 대상이었다.

성경은 직장 동료들을 어떻게 대해야 하는지 알려준다.

"아무 일에든지 다툼이나 허영으로 하지 말고 오직 겸손한 마음으로 각각 자기보다 남을 낮게 여기고 각각 자기 일을 돌볼뿐더러 또한 각각 다른 사람들의 일을 돌보아 나의 기쁨을 충만하게 하라"(빌립보서 2:3-4)

나의 연구 자료 선물은 그것을 받는 사람에게만 유익이 되는 게 아니었다. 실은 내게 더 큰 유익이었다. 공부하며 준비하는 동안 실력이 자랐던 것이다.

조직 내 왕따를 당하며 여러 팀을 전전한 것도 결과적으로는 나에게 도움이 되었다. 이직 당시 나는 경영 컨설팅 분야 중 제조 원가에서 재료비 절감을 전문적으로 분석하고 개선하는 VE(Value Engineering) 전문가로 인정받았다. 사례 발표 대회에 나갔을 때 주제도 VE이고 일본에서 연수를 받고 논문을 쓴 분야도 VE였다. 그룹 강사로 강의한 내용도 대부분 VE 관련이었다. 그런데 한국능률협회컨설팅의 VE팀에서는 나를 받으려 하지 않았다. 현재 프로젝트를 수행하기에도 인력이 남는다는 것이었다. 그래서 조금은 생소한 분야인 제조 원가 중 가공비 절감을 전문적으로 분석하고 개선하는 IE(Industrial Engineering)팀에 배속되었다. IE팀에 와서는 IE와 관련된 연구를 열심히 했다. 나는 VE와 IE를 모두 다루는 종합적 안목과 지식을 갖게 되었다. 이렇듯 불행으로 여겨지는 일들이 모여 행운으로 작용했다. 그사이 나는 조금씩 컨설턴트로 성장하고 있었다.

길을 찾다

1993년 1월, 일본 도요타자동차의 3개월 연수 프로그램에 참여하게 되었다. 한국능률협회컨설팅으로 이직한 지 1년이 되던 무렵이었다. 조직 내 왕따에서는 겨우 벗어났지만, 의미 있는 성과를 내지는 못하고 있었다. 그러던 시기에 회사의 배려로 연수를 갈 수 있어서 고맙고 다행스러웠다.

연수 기간에 기술 제조업의 선진적 현장을 직접 체험하면서 전환과 성장의 계기를 마련할 수 있으리라 기대했다. 그런데 한 가지 걱정되는 점이 있었다. 나는 도요타자동차 산하 차체 공장이 있는 기후현의 가카미가하라라는 소도시에 체류했는데, 숙소 근처에서 교회를 찾을 수 없었다. 3개월 연수면 주일이 12~13번이다. 예배에 참석하며 주일성수를 해야 하는데, 교회가 보이지 않아 노심초사했다.

요즘이라면 인터넷과 스마트폰을 이용해 비교적 쉽게 교회를 찾아낼 수 있겠지만, 당시에는 그게 불가능했다. 일본어도 서툴고 난생 처음인 지역에서 단순한 길을 익히는 것조차 어려웠다. 첫 토요일에 종일 주변을 돌아다니며 교회를 찾았지만, 눈에 띄지 않았다.

주일 새벽에 일어나 기도를 했다. "주님, 작은 도시라 그런지 교회가 보이지 않습니다. 한 주 동안 더 노력해서 방법을 찾아보겠습니다. 다음 주부터는 기차를 타고 다른 큰 도시에 가더라도 교회 예배에 꼭 참석하겠습니다. 그래도 혹시 이 지역에 교회가 있을지 모르니, 오늘은 교회를 찾는 것으로 저만의 예배를 드리겠습니다. 해가 뜰 때부터 해가 질 때까지 기도하는 마음으로 걸으면서 교회를 찾겠습니다. 제 마음의 중심을 받아주십시오."

동이 트자마자 숙소를 나섰다. 12시간쯤 걸을 작정이었으니 운동복에 운동화 차림으로 길을 나섰다. 갈래 길에 설 때마다 "주님, 왼쪽으로 갈까요, 아니면 오른쪽인가요?" 하고 기도했다. 그렇게 마음이 이끄는 대로 천천히 걸었다.

20~30분쯤 걸었다. 놀랍게도 교회 건물이 눈에 들어왔다. '기후순복음교회'였다. 사막을 헤매다가 오아시스를 발견한 듯 반가웠다. 더 신비로운 일은 그 동네 길을 하나도 모르는 상태에서 그냥 걸었는데도 숙소에서 교회로 가는 가장 빠른 경로를 거쳐서 온 것이었다.

아직 이른 시간이었기에, 숙소로 돌아와서 아침 식사를 하고 옷을 갖추어 입고 다시 교회로 가서 예배를 드릴 수 있었다. 일본인 교인이 80명 되는 작은 규모인데, 그 지역에 하나뿐인 교회라고 했다. 예배 후에 목사님과 인사를 나누었다. 목사님은 "한국에서는 수요일에 예배를 드리는데, 우리 교회는 수요일 예배가 없습니다. 대신 교회에 모여 성경 공부를 하는데, 원하시면 참석하셔도 좋습니다"라고 말씀하셨다.

일본어에 서툰 내가 성경 공부에 참석해서 잘 따라갈 수 있을지 걱정이었다. 기도하면서 생각해보니 좀 힘들어도 성경 공부를 하는 게 좋겠다고 싶었다. 그리고 성경 공부와 일본어 공부를 겸해서 하는데 일본어 성경이 유익할 것이라는 생각이 들었다. 한 장을 통째로 암송하면 더 좋을 것 같았다. 성경 공부를 할 때 공통 단어를 들으면 이해하는 데 도움이 될 듯하였다. 그래서 기도한 후에 손에 잡히는 대로 일본어 성경을 펼쳤다. 야고보서 5장이 펼쳐졌다. 야고보서 5장을 읽고 손으로 쓰고 외웠다. 주일 저녁부터 수요일 교회에 가기 전까지 틈만 나면 야고보서 5장을 읽고 쓰고 외우고를 반복하였다.

수요일 저녁에 성경 공부에 참석했다. 목사님을 중심으로 교인들이 둥그렇게 둘러앉았다. 목사님께서 "순서에 따라 오늘은 야고보서 5장을 공부하겠습니다"라고 했다. 내가 사흘 동안 읽고 쓰고 외운 그 본문이었다. 눈물이 핑 돌았다. 가슴속 깊은 곳에서 하나님의 음성이 울려 퍼졌다.

"너는 두려워하지 말라 내가 너를 구속하였고 내가 너를 지명하여 불렀나니 너는 내 것이라 네가 물 가운데로 지날 때에 내가 너와 함께 할 것이라 강을 건널 때에 물이 너를 침몰하지 못할 것이며 네가 불 가운데로 지날 때에 타지도 아니할 것이요 불꽃이 너를 사르지도 못하리니"(이사야 43:1-2)

그 자리에서 두 시간 가까이 눈물을 흘렸다.

'하나님께서 나를 부르시고 지금도 지켜보고 계신다. 보호하시고 인도하신다. 지나온 모든 세월이 은혜였다. 늘 선하게 이끄셨다. 이직 후 어려움을 겪고 있지만, 곧 준비하신 때가 이를 것이다. 컨설팅 영역의 비즈니스 선교사로서 다른 사람을 섬기고 도우며 선한 영향을 끼치고 하나님 나라를 확장하는 데 헌신해야겠다.'

마음속에 결단이 우러났다.

일본 연수는 안목과 실무 역량을 기르는 데 유익했다. 그리고 부흥회나 수련회에 참석한 것처럼 영적으로 단련하는 시간이 되었다.

3개월 후 귀국하여 회사로 복귀했다. 열심히 공부하고 그 결과물을 나누어주는 방식의 활동도 더욱 열심히 했다. 그 과정에서 놀라운 일이 생겼다. 다른 사람들이 부담스러워하는 신규 회사, 새로운 주제의 강의나 프로젝트가 나에게 부여되기 시작했다. 그리고 어떤 분야의 학습이 필요한데, 자신이 시간을 낼 수 없어서 해당 교육 프로그램에 참여하기 어려운 동료 컨설턴트들이 나에게 부탁해왔다. 자기 대신 교육을 받고 공부한 후에 그것을 요약해서 알려주고 자료를 달라는 것이었다. 나는 이런 부탁을 흔쾌히 들어주었다.

이렇게 공부하며 일하고 섬기면서 1년 또 1년 세월이 흘렀다. 실패하는 컨설턴트의 10가지 요건을 모두 갖추었다고 평가받았던 나는 사내에서 가장 성공적인 컨설턴트로 성장했다. 컨설턴트그룹장으로 승진했고, 최우수 지도 컨설턴트상도 혼자서 계속 받았다. 전체 컨설턴트 중에서 가장 높은 연봉을 받았다. 회장님과 사장님보다 세 배나 많은 금액이었다.

하나님께서는 약간의 어려움을 주셔서 나를 겸손하게 만드셨고, 더 공부하게 하셨으며, 돕고 섬기는 길을 가르쳐주셨다. 이 은혜로 인해 나는 자연스럽게 업무 역량을 키우며 성장했고, 영적으로도 더 성숙해졌다.

빵점짜리 경영자

한국능률협회컨설팅으로 이직 후 4년이 지난 1996년 나는 이른 바 '스타' 컨설턴트가 되었다. 나는 폭넓은 인간관계와 사교성을 바탕으로 하는 영업에 재능이 없다. 하지만 나와 한 번 함께 일한 고객들은 나를 인정해주며 이후에도 계속 프로젝트를 맡겨주었다. 재계약률이 높은 컨설턴트가 된 것이다. 참 감사한 일이었다.

꼬리에 꼬리를 물고 일이 이어졌다. 내가 속한 사업본부뿐만 아니라 다른 사업본부에서도 업무 요청을 해왔다. 그때마다 나는 거절하지 않고 요청받은 역할을 감당했다. 혼자 외롭게 사무실을 지키던 시절을 기억하면서 감사하게 일을 맡았다. 그러다 보니 하루에 서너 개 회사를 방문하며 일주일에 엿새를 아침 7시부터 밤 11시까지 일해야 했다. 그 당시 업무량을 계산해보니 다른 컨설턴트의 세 배가량 되는 듯하였다. 여러 사업본부의 일을 동시에 하다 보니 일정이 겹치는 경우도 잦았다.

여러 고객과 프로젝트를 진행하다 보니 내 나름으로는 최선을 다한다고 했지만, 한 고객과 일하는 것보다 집중도가 떨어지는 것을 피할 수 없었다. 이런저런 불만을 토로하는 고객도 생겼다. 개인적으로는 내 강점인 공부에 필요한 시간이 턱없이 부족했다. 책을 읽고 세미나에 참석할 시간을 낼 수 없었다. 그리고 연봉은 업무량이 늘어나는 데 비례해서 늘지는 않았다. 무엇인가 조정이 필요했다.

회사에 업무 조정을 요청했다. 회사에서도 내 상황을 충분히 알고 있었고, 방법을 찾으려 했다. 하지만 그것이 쉽지는 않았다. 회사로서는 일을 줄이는 방향으로 선택할 수는 없었을 것이다.

이 무렵 누군가가 "이강락 씨는 프리랜서로 일하는 게 더 적합할 듯합니다"라고 조언해주었다. 프리랜서는 회사의 직접 통제를 받지 않으니 적절한 정도의 업무를 선택하여 맡을 수 있으며, 보수도 실적에 직접 연동해서 받으니 더 유리할 거라고 했다. 또한, 신분은 바뀌지만 회사와 계속 관계를 유지하며 업무의 연속성도 가지는 방법이었다.

깊이 고민하고 기도한 끝에 결단했다. 1997년 1월에 퇴사를 요청했다. 하지만 진행되던 업무와 회사의 사정으로 퇴사가 6개월 넘게 지연되다가 그해 8월 31일에야 정리할 수 있었다. 1997년 9월 1일 나는 회사에 소속되지 않은 독립 컨설턴트가 되었다. 처음에는 사업자등록을 하지 않고 일했는데, 형식적인 모양새가 썩 좋지 못하다는 생각에 'KRF기술사사무소'라는 상호의 개인사업자로 등록했다.

그때는 '창업'한다고 의식하지 않았다. 프리랜서 컨설턴트 업무를 더 효율적으로 하기 위해 사업자등록을 하는 차원이었다. 다음 해인 1998년에는 상호를 KR컨설팅으로 바꾸었다. 업무 성격을 더 명확하게 드러내기 위해서였다. 그리고 예전과 크게 다르지 않게 컨설팅 업무를 열심히 수행했다.

그러던 중 중소기업청으로부터 '신지식인'에 선정되었다. 이후에 중소기업청에서 상담료를 지원해줄 터이니 창업자의 상담을 맡아달라고 의뢰했다. 이를 위해 창업상담회사 등록을 하라고 했다. 그래서 서류를 내고 등록을 신청했는데, 중소기업청에서 연락이 왔다. 개인회사는 곤란하고 법인으로 신청해야 한다는 것이다. 개인사업자를 법인으로 전환하기를 권했다. 이렇게 해서 1999년 5월 19일 KR컨설팅 주식회사가 정식 출범했다.

나는 적극적인 창업 의지와 계획을 갖고 회사 설립을 하지 않았지만, 여러 우연한 계기들이 겹쳐서 주식회사의 대표가 되었다. 이 역시 하나님이 이끄신 결과라 생각한다. 그런데 좋은 경영자가 된다는 것은 실무를 잘하는 것과는 다른 차원이었다. 탁월한 스포츠 스타라고 해서 무조건 좋은 코치나 감독이 될 수 없는 것과 같은 이치다.

나는 유능한 컨설턴트로 평가받았지만, 회사의 경영자로서는 빵점이었다. 특히 회사 직원들을 이끄는 리더십이 부족했다. 의사결정에서 우유부단한 모습을 보이기도 했고, 모호한 발언으로 직원들의 오해와 실망을 샀다. 예를 들면 이런 식이다. 직원들이 처우의 개선이나 업무의 변화를 희망하는 말을 하면 "나중에, 회사가 더 잘되면…" 등과 같이 답했다. 예스맨 기질이 있었기에, 단호하게 거절하거나 정확한 일정을 밝히지 않고, 대충 좋게좋게 대답한 것이다. 시간이 흐른 후 그 직원은 자기 희망이 이루어질 기미가 없자 서운한 마음을 품게 되었다. 이것은 명백하게 내 잘못이었다. 모든 사람과 원만하게 잘 지내려는 욕심에서 긍정적으로 말해놓고 약속을 지키지 않은 셈이다.

경영자로서 모자란 내 모습을 보면서 "이강락 대표는 신뢰할 수 없는 사람이다"라든가 "KR컨설팅에는 미래 비전이 보이지 않는다"라고 말하며 회사를 떠나는 직원도 나왔다. 나는 이런저런 실수를 범하며 직원들의 기대를 제대로 충족시켜 주지 못했다.

떠난 직원들에게 많은 것을 배웠다. 한번은 직원 한 명이 회사에 손실을 끼치고 떠났는데, 홈페이지 칼럼에 익명으로 그 이야기를 썼다. 그런데 그 직원이 칼럼을 읽고, 자기 이야기임을 직감하고는 내게 연락해왔다. 그 글을 내려달라고 했다. 글이야 금방 지울 수 있지만, 갈등이나 서운한 마음을 풀어야겠다는 생각에 만나기로 했다. 나는 그에게 충고를 해주어야겠다는 내심도 있었다.

약속 장소에 도착하여 자리에 앉자마자 그 직원이 이렇게 말했다. "오늘도 늦으셨네요." 당황한 내가 "무슨 말씀이세요?"라고 묻자 그가 대답했다. "제가 입사한 후부터 오늘까지 대표님과 수없이 많이 만났는데, 그때마다 모두 제가 기다렸다는 사실을 아십니까? 보통의 인간

관계라면 10번 만나면 5번은 이 사람이 늦고, 5번은 다른 사람이 늦습니다. 그런데 저는 대표님을 만날 때마다 100% 기다렸습니다. 대표님은 항상 늦으셨고요. 그래도 마지막 만남이 될지도 모르는 오늘 같은 날은 대표님이 먼저 나오실 수도 있다고 기대했는데, 제 욕심이 과했네요."

그의 말은 사실이었다. 내가 의식하지 않았기에 놓치고 있었을 뿐이다. 그는 말을 더 이었다.

"대표님은 상대방을 존중하지 않는 것 같습니다. 아무리 스타 컨설턴트이고 정신없이 바쁘다고 하더라도 약속은 지키셔야죠. 신중하게 약속을 잡고, 약속했으면 정확히 지키는 게 상대에 대한 예의이며 배려입니다. 바쁘다는 핑계로 약속을 가볍게 여기는 것은 올바르지 않다고 생각합니다. 앞으로는 신중하게 처신하시면 좋겠습니다. 저는 그 때문에 늘 속상했습니다. 그래서 오늘은 마음먹고 이 말씀을 드립니다."

따끔한 회초리를 한 대 맞은 느낌이 들었다. 부끄러워 얼굴을 들 수 없었다. 나는 그 자리에 나가면서 퇴사할 때의 그의 잘못을 일깨우며 훈계를 해줄 요량이었다. 그러나 정작 훈계를 들어야 할 사람은 나였다. 돌이켜 생각해보니 그가 회사를 떠나는 데 원인을 제공한 사람은 나였다.

그와 헤어져 돌아오는 길에 내가 무심히 범한 실수들을 복기해보았다. 업무와 성과에 몰입하느라 기본적인 배려를 잃고, 챙겨야 할 것을 놓친 적이 일이 한둘이 아니었다. 나는 빵점짜리 리더요, 경영자이다.

이런 나와 20년 넘게 함께 일하고 있는 동료도 있다. 컨설팅 업계에서는 흔치 않은 일이다. 그들에게 진심으로 고마운 마음을 갖고 있다. 그리고 떠난 직원들도 고맙다. 열심히 일해주었고, 그만한 이유가 있었기에 떠났다. 나에게 실망하여, 나와 회사를 비난하며 떠난 직원들도 고맙게 생각한다. 원망하지 않는다. 미안한 마음이 더 크다. 그들은 나에게 또 다른 측면에서 배움과 깨달음을 주었다. 그들이 늘 강건하고 형통하기를 바란다.

아주 특별한 사건도 있었다. 나와 회사 동료 모두에게 크나큰 배신감과 상처를 주고 떠난 사람이 있다. 그때 몹시 속상해하는 나에게 변호사인 후배가 형사 고발해서 처벌을 받게 해야 한다고 말했다. 하지만 그건 안 될 일이었다. 직원과 분쟁해서는 안 되고, 최악의 상황에서는 내가 양보하는 게 옳다는 것이 내 원칙이었다.

그 후 몇 년이 흐른 후 학회에서 논문을 발표하는 자리에서 그와 마주쳤다. 헤어진 후 처음이었다. 그런데 이상하게도 반가운 느낌이 들었다. 초등학교 때 친구를 수십 년 만에 만난 듯한 기분이었다. 밉거나 원망스러운 마음은 한 점도 없었다. 나는 밝은 미소를 머금고 그에게 다가가 반갑게 인사했다. 진심이었다. 하지만 그는 마음이 불편했는지 대충 인사하고는 급히 자리를 피했다.

그리고 시간이 더 흘렀다. 어느 날 그에게서 전화가 왔다. 영문을 알 수 없는 갑작스러운 일이었다. 그는 컨설팅 업계를 완전히 떠나 해외 선교사로 나가게 되었다고 했다. 그간 자신의 변화와 선교 훈련을 받은 과정을 들려주었다. 그리고 나에게 진심으로 고맙다고 말했다. 그는 자신이 진행하던 모든 프로젝트를 KR컨설팅에 인수인계했다.

이 일을 기억해보면 앞만 보느라 주변을 살피지 못하고 달리기만 하는, 무심하고 배려 없는 빵점짜리 경영자가 어떻게 양보와 용서의 마음을 품을 수 있었는지 놀랍고 신기하다. 이 마음은 나에게서 비롯된 것이 아니라 하나님께서 주신 것일 터이다.

독립하여 회사를 경영한 지 30년 가까이 되어간다. 하지만 여전히 나는 부족하다. 하나님 보시기에 부족할 뿐만 아니라, 함께 일하는 직원들이 보기에도 못 미덥고 미숙하다. 단점은 고쳐지지 않고 실수를 반복한다.

그래서 늘 기도한다. 그리스도인다운 섬김의 자세를 갖도록, 양보하고 포용하고 용서할 수 있도록 말이다.

그리고 성경을 늘 가까이함으로써 선량한 마음을 유지할 수 있게 된다고 생각한다. 안중근 의사의 명필 중에 "一日不讀書口中生荊棘(일일부독서구중생형극)"이 유명하다. 하루라도 책을 읽지 않으면 입안에 가시가 돋는다는 뜻이다. 『명심보감』에 나오는 구절이라고 한다. 그런데 독실한 천주교인이었던 안중근 의사가 이 글씨를 쓰면서 성경을 염두에 두었으리라 짐작한다. 그렇다. 하루라도 성경을 읽지 않으면 입안에서 가시가 자라듯 입이 험악해져 다른 사람을 비난하고 욕하거나 함부로 말하게 된다.

저녁에 퇴근하여 성경을 펼치면 하루 동안 속상하고 원망이 쌓였던 마음이 자연스럽게 풀어진다. 특히 시편을 묵상하면 평강이 찾아온다. 감사와 찬양이 우러난다. 이것이 말씀의 능력이다.

"또한 지도자라 칭함을 받지 말라 너희의 지도자는 한 분이시니 곧 그리스도시니라 너희 중에 큰 자는 너희를 섬기는 자가 되어야 하리라"(마태복음 23:10-11)

하나님의 공급하심

사업하는 사람을 상심에 빠뜨리는 대표적인 문제가 재정, 즉 '돈'이다. 수입보다 지출이 많아 적자가 나는 것도 큰 근심거리지만, 흑자가 나더라도 돈이 들어오는 시점과 나가야 할 시점이 어긋나면 경영자는 애가 탄다. 특히 월급날을 앞두고 자금이 부족하면 애간장이 끓는다. 나도 경영을 하면서 이런 날을 수없이 경험했다. 이때마다 간절하게 기도하면서 온갖 방법을 동원하여 겨우겨우 급여를 맞추었다.

그런데 갑자기 계획이 틀어지면서 미처 손쓸 방법이 없을 때도 있다. 회사 급여일이 25일인데, 20일에 입금되기로 약속된 돈이 들어오지 않았던 적이 있다. 그 자금을 고려하여 계산을 맞추어놓았는데, 대책이 서지 않았다. 불과 5일밖에 남지 않았다. 백방으로 애를 썼지만, 돈을 구하지 못했다. 야속하게 시간이 흐르고 24일을 지나 25일

0시가 되었다.

직원들에게 이 사실을 알려야 했다. 고통스러웠다. 컴퓨터 앞에 앉아서 직원들에게 메일을 썼다. "회사 통장에 돈이 없어서 오늘 월급이 나가지 못합니다. 진심으로 미안합니다." 이렇게 써놓고 보니, 그러면 언제 월급을 줄지를 밝혀야 하는데, 그조차 장담할 수 없었다. 그래서 "돈이 들어오는 즉시 최우선으로 지급하겠습니다"라고 덧붙였다.

이렇게 메일을 보내놓고 자리에 누웠는데, 잠이 오지 않았다. 잠이 오는 게 이상한 일이다. 직원 월급을 제때 못 주는 사람이 사장 자격이 있는지 회의가 들었다. 이럴 줄 알았으면 미리 챙겼어야 했는데, 온갖 후회가 밀려왔다.

뜬눈으로 밤을 새웠다. 도저히 직원들 얼굴을 볼 자신이 없었다. 사무실에 출근하지 않고 곧바로 고객사를 방문했다. 사무실에 전화라도 할까 생각했다가, 할 말도 면목도 없어서 하지 않았다. 오후가 되었다. 그래도 전화 한 통 안 하는 건 너무 무책임하다 싶어 수화기를 들었다. 전화기 너머로 들려오는 목소리는 밝았다. "사장님, 오늘 급여 정상 지급되었습니다."

깜짝 놀랐다. 어젯밤까지 통장에 돈이 없어서 직원들에게 미안하다는 메일을 보냈고 낯을 들지 못할 것 같아 사무실에도 들어가지 못했는데, 도대체 회사 대표도 모르는 돈이 어디서 어떻게 들어와서 월급이 지급되었다는 것인지 이해가 되지 않았다. 그래서 "오늘 만우절도 아닌데, 심각한 상황에 이런 농담을 하면 안 됩니다. 어떻게 된 일인가요?"라고 말했다. 하지만 농담이 아니었다.

자세한 사정을 알아보았다. 5년 전쯤에 우리가 컨설팅한 업체 한 곳이 부도가 나서 파산했다. 물론 컨설팅 대금을 받지 못했다. 회계상으로는 미수금으로 남아 있다가 그 업체 파산 후 3년이 지났을 때 돈을 받는 것이 불가능하다고 판단하여 손실 처리를 했다. 그런데 이 업체 채권단이 자산을 정리하는 절차를 모두 끝내고 정산한 돈을 비율을 정해서 채권자들에게 입금했다. 이렇게 해서 생각하지도 못했던 돈이 그날 입금된 것이다. 놀라운 것은 그때 들어온 돈이 월급으로 나가야 할 돈과 딱 맞아떨어졌다는 것이다.

이런 일이 있으리라는 것은 상상도 못 했다. 더욱이 채권단에서 우리 회사 급여일이 언제인지, 얼마가 필요한지도 전혀 모르는데 월급날, 월급으로 필요한 돈만큼이 입금된 것은 하나님께서 공급하셨다고 받아들일 수밖에 없었다.

또 다른 일도 있었다. 급여일이 다가오는데, 돈이 500만 원쯤(지금부터는 정확한 금액이 아니라 예시를 위한 금액이다) 부족했다. 미수금을 챙겨보니 300만 원은 들어올 게 있었으나, 추가로 200만 원을 더 구해야 할 상황이었다. 월급날이 수요일이었는데, 월요일 아침 회의 때 직원들에게 사정을 털어놓았다. "이번 월급날에 돈이 조금 모자랍니다. 이틀 동안 노력하겠습니다. 근거는 없지만, 하나님께서 공급해주실 것이라고 믿습니다."

이렇게 말해놓고는 '내가 좀 무책임한 건 아닌가?' 하는 생각도 들었다. 물론 부족한 돈을 맞추기 위해 이곳저곳 뛰어다니며 애를 썼다. 하지만 화요일 퇴근 때까지 부족한 돈을 메우지 못했다. 심지어 그날 들어와야 할 300만 원도 입금되지 않은 상태였다.

퇴근해서 집에 왔더니 아내가 "내일 월급 줄 돈이 모자란다고 들었는데, 어떻게 할 건가요?"라고 걱정스럽게 물었다. 나는 "하나님께서 공급해주실 거라 믿고 있는데, 아직 돈이 들어오지 않았어. 어떻게 해야 할지 모르겠어"라고 이야기했다. 그리고 지금 통장 잔액을 한 번 확인해보자고 했다. 오늘 입금되기로 한 300만 원을 염두에 두고 한 말이었다. 그 돈이 확인되면 내일 나머지를 어떻게 해서든 맞추어볼 작정이었다. 아내는 "퇴근 때까지 안 들어온 돈이 밤늦게 들어오겠어요?"라고 말했지만, 잔고를 확인해보기로 했다. 통장을 확인해보니 600만 원이 입금되어 있었다. 예정보다 더 들어온 것이다.

돈이 들어온 것은 다행이지만, 잘못 받은 거라면 돌려주어야 하니 소용이 없다. 다음 날 사정을 알아보았다. 우리가 받을 돈은 300만 원이 맞았다. 그런데 우리가 컨설팅 용역 외에 물품을 사서 공급한 것이 있는데, 그것을 계산에 넣지 않고 있었다. 우리 매출액이 아니기 때문이다. 이 돈이 함께 들어오면서 월급을 제대로 지급할 수 있게 되었다.

어느 연말에는 규모가 큰 지출 계획이 잡혔는데, 자금이 부족했다. 잔액을 모두 정리하고 새해를 맞고 싶은 소망이 있었고, 이 지출 때문에 적자 결산을 하는 게 마음에 걸렸다. 12월 24일, 한 통의 전화를 받았다. 내년 1월 1일부터 연말까지 1년 동안, KR컨설팅으로부터 컨설팅을 받고 싶다고 했다. 우리는 반갑게 승낙했고, 이틀 후에는 제안서와 대금 견적서를 보냈다. 그다음 날 컨설팅을 받기로 한 회사 담당자로부터 전화를 받았다. 그는 조심스럽게 말했다. "죄송합니다만, 상의드릴 게 있습니다." 그는 컨설팅 진행은 내년 1월 2일부터 하되, 계약과 대금 집행은 올해 하면 안 되겠냐고 물었다. 세금과 자금 문제를 고려할 때 그해 비용 처리를 하는 게 유리하다고 판단한 모양이었다. 반갑고 고마운 제안이었다. 그렇게 해서 다음 해 컨설팅비를 선불로 받았다. 계획된 지출도 무난하게 하고 원만하게 결산도 할 수 있었다.

감사하게도, 급여일 전에 조마조마하며 애를 태운 적은 많았지만, 제때 월급이 나가지 않은 적은 지금까지 한 번도 없었다. 이것은 내 능력으로 된 것은 아니다. 나는 돈을 구해오는 데 몹시 서툰 사람이다. 모두 하나님이 공급하신 것이라 믿는다.

경영자는 자금 문제를 비롯하여 다양한 일과 부닥친다. 이것이 몹시 버겁게 느껴질 때도 있다. 그럴 때면 하나님께 의지해야 한다. 아니, 더 근본적으로 아예 경영을 하나님께 맡기고 나는 당신의 뜻을 따르기만 하겠다고 결단하는 자세가 필요하다. 때로는 그 공급하심이 내 기대와 다를 수 있지만, 하나님께서는 믿고 의지하는 자에게 더 좋은 것을 주신다. 이것이 사업을 하며 숱한 어려움을 지나온 나와 다른 크리스천 경영자들의 한결같은 간증이다.

"구하는 이마다 받을 것이요 찾는 이는 찾아낼 것이요 두드리는 이에게는 열릴 것이니라 너희 중에 누가 아들이 떡을 달라 하는데 돌을 주며 생선을 달라 하는데 뱀을 줄 사람이 있겠느냐 너희가 악한 자라도 좋은 것으로 자식에게 줄 줄 알거든 하물며 하늘에 계신 너희 아버지께서 구하는 자에게 좋은 것으로 주시지 않겠느냐"(마태복음 7:9-11)

모든 것이 은혜

회사를 나와 독립 컨설턴트로 일하던 1998년, 나는 쉴 틈 없이 바빴다. 업무를 스스로 통제하기 위해 독립을 선택했음에도, 무리한 일정은 크게 변하지 않았다. 강의, 상담, 회의가 꼬리를 물고 이어졌다. 새벽부터 일을 시작하고 밤늦게 돌아와서는 다음 날 새벽까지 자료를 준비한 날도 여러 번이었다.

1998년 9월 12일 토요일이었다. 전날 지방 일정을 마치고, 밤차를 타고 서울에 올라왔다. 집에 도착하니 아침 6시 30분이었다. 그날 오전 8시부터 12시까지 용인의 고객사 연수원에서 강의가 예정되어 있었다. 서둘러 씻은 후에 직접 운전하여 용인으로 향했다.

그날따라 내 강의는 더 열정적이었다. 한 주 내내 휴식 없이 달려왔고 잠이 부족해 맥이 빠질 만도 한데, 원천을 알 수 없는 힘이 솟았다. 신기한 지경이었다. 강의를 듣는 사람들의 눈빛을 보니 한층 더 힘이 솟았다.

강의를 마치고 다시 집으로 향했다. 주5일 근무가 시행되기 이전이라 퇴근 시간이었다. 경부고속도로 상행은 퇴근 차량 행렬로 정체가 심했다. 조금 가다가 다시 서기를 반복했다. 졸음이 쏟아졌다. 마지막 휴게소를 지나온 터라 딱히 쉴 데도 보이지 않았다. 졸음을 참아내며 간신히 올림픽대로로 들어섰다. 얼마 남지 않았다는 생각에 약간의 안도감이 들었고, 긴장이 풀어졌다.

여기서 기억이 끊겼다. 핸들을 쥔 채 순간적으로 잠이 들어버린 것이다. 그리고 한참 후에 정신이 들었다. 눈을 뜨자 내 차와 딱 붙은 앞차가 보였다. 내 차는 한쪽으로 기운 상태였고 타이어가 타들어 가는 냄새가 진동했다. 내 차 뒤에도 사고로 파손된 차량이 한 대 서 있었다. 내 차는 가운데 낀 상태였다. 대형 사고가 났음을 직감했다. 이 상황에서 멀쩡하게 의식이 있는 게 이상했다. 혹시 내가 죽은 건 아닌가 하는 생각이 스쳤다. 살을 꼬집어보니 아팠다. 정신을 수습해서 차 밖으로 나왔다.

짐작하기로, 나는 잠이 든 상태에서 액셀러레이터에서 발을 뗐을 것이다. 내 차는 도로를 왔다 갔다 했을 것이고, 주변 차들은 이런 내 차를 피해갔을 것이다. 그러다 내 차는 오른쪽 가드레일에 부딪혀 기울어진 채 더 진행했고 이때 오른쪽 앞뒤 타이어가 터져버렸을 것이다. 보통의 경우라면 이후 끔찍한 사고가 벌어졌을 것이다.

그런데 내 차는 조금 더 가다가 올림픽대로 오른쪽에 있는 고장 난 차를 임시 정차하는 쪽으로 향했다. 거기에는 마침 교통사고가 난 두 대의 차가 서 있었다. 비틀거리며 가던 내 차는 신기하게도 그 두 차량의 사이로 쏙 들어가 멈추어 섰다.

다행히 사고는 심하지 않았다. 내 차 앞뒤로 정차된 차량은 나와 상관없이 이미 사고가 난 상태였고, 내 차도 폐차할 정도는 아니었다. 파손된 2개의 타이어를 교체하는 정도로 그쳤다.

대한민국에서 가장 붐비는 올림픽대로를 잠든 채 달리고 가드레일에 부딪힌 상태로 기울어져 주행하면서도 크게 다치거나 목숨을 잃지 않았다니, 하나님께서 내게 이 땅에서의 생명을 더 선물해주셨음이 분명했다.

그 시기에 나는 교회에서 고등부 교사를 맡고 있었는데, 그날 저녁에 교사 기도회가 있었다. 기도회에 참석하여 기도하는 중 한 가지 깨달음을 얻었다. '사람들은 자신의 생일을 기념할 수 있지만, 죽을 날을 기념할 수는 없다. 죽는 날을 알 수도 없거니와 죽은 후에는 기념하는 게 자기 몫이 아니다. 나는 1998년 9월 12일에 세상을 떠날 수도 있었다. 그러나 하나님의 보호하심으로 삶을 더 얻었다. 영원한 생명도 하나님의 은혜이고, 이 땅에서의 하루하루 삶도 하나님의 선물이다. 선물로 받은 이 하루하루를 하나님의 뜻에 맞게 값지고 의미 있게 살아야 한다.'

독립 후에도 일 욕심을 버리지 못했음을 회개하고 삶의 방향을 다시 점검했다. 눈에 보이는 성과를 내는 데만 열중할 것이 아니라, 이웃을 섬기며 봉사하고 하나님 나라를 확장하는 데 시간을 드리며 헌신해야 하겠다고 결심했다.

'나는 기업 경영에 관한 지식을 전달하는 달란트를 받았다. 이것을 더 나누어야겠다. 컨설팅을 받을 여력이 있는 큰 회사뿐만 아니라 규모가 작은 기업, 크리스천 청년들이 창업한 기업, 선교를 위한 기업, 가난한 나라의 기업에 이르기까지, 내가 받은 작은 것을 나누어야겠다.' 이런 결단이 섰다. 그리고 이 결단은 막 문을 연 회사의 비전과 철학을 다시 돌아보는 계기가 되었다.

나에게는 지병이 있다. 통풍이다. 의사에게 듣기로 통풍에도 0기, 1기, 2기, 3기, 4기가 있다고 한다. 0기는 요산 수치는 높은데, 아직 증세가 없는 단계다. 1기에는 발이 붓고 통증이 오는 등의 증세가 시작된다. 2기는 다 나은 줄 알았는데, 재발하는 단계다. 3기에는 재발 주기가 점점 짧아진다. 4기에는 재발 주기가 아예 붙어버린다. 사실상 항상 아프고 고통스러운 상태다.

2015년 봄, 통풍이 3기까지 진행되었다. 통풍은 고통스럽다. "바람만 스쳐도 아프다"라는 말이 있을 정도로 뼈마디를 칼로 찌르는 듯한 통증이 반복된다. 이 때문에 병원에 자주 다녔다. 입원해서 집중치료도 받았다. 그런데 퇴원하고 얼마 지나지 않아 재발했다. 이렇게 나았다가 재발하는 주기가 점점 짧아졌다. 이런 상황에서 정상적으로 업무를 하는 게 불가능했다. 고객과 일정을 잡을 수 없었기 때문이다. 치료를 받아 증상이 완화되었다 하더라도, 언제 또 재발할지 모른다는 마음에 불안이 가득했다. 그래서 당시 통풍 치료가 중요한 기도 제목이 되었다.

이 무렵, 고객 회사의 한 사장님이 조언을 하나 해주었다. 면역력을 강화하는 효소가 있는데, 이것을 복용하고 금식하면 노폐물이 배출되어 통풍 치료에 효과적이라는 것이었다. 그분은 가격이 꽤 비싼 효소를 선물해주시면서까지 이 방법을 권했다.

어떻게 하면 좋을지 의사들과 상의했다. 열 명 중 아홉은 반대했다. 민간요법은 환자의 상황과 체질에 따라 맞을 수도 있고 안 맞을 수도 있으며, 오히려 역효과가 날 수 있으니 신중해야 한다고 했다. 그런데 나머지 한 분은 해보라고 말했다. "이강락 대표는 하나님을 잘 믿는 분이잖아요. 하나님께서 이강락 대표를 낫게 하시려면 무엇이든 도구로 이용하실 수 있습니다. 그것이 병원 치료가 될 수도 있고, 민간요법이 될 수도 있습니다. 기도하시면서 해보십시오."

이 말을 듣고 용기를 내어 효소와 금식 프로그램을 진행했다. 그 후 통풍은 더는 재발하지 않았다. 요산 수치도 정상 수준을 회복했다. 이제 신장 기능을 강화하는 약을 복용하는 수준이다.

한번은 건강검진을 받았는데, 정밀진단이 필요하다고 해서 다시 병원을 찾았다. 갑상선 조직검사를 했다. 의사는 내 갑상선에 7밀리미터짜리 결절이 있는데, 악성 암일 가능성이 90%라고 했다. 그리고 꺼림칙하니 제거 수술을 하자고 권했다. 급히 수술 날짜를 잡자는 의사에게 나는 "조금 더 생각해보겠다"라고 말하고 자리를 일어섰다.

주변의 조언을 들으니 가급적 수술하지 않는 게 좋다고 했다. 갑상선을 전부 절제하면 갑상선항진제라는 약물을 평생 복용해야 한다고 했다. 그리고 한국에서는 갑상선암 수술을 과하게 하는 경향이 있다고 한다. 외국에서는 결절이 1센티미터 이상이 되어야 수술하는데 한국에서는 5밀리미터만 넘어도 수술을 권한다는 것이다. 나는 7밀리미터라고 하니 경과를 더 지켜보는 게 좋겠다는 의견이었다. 나는 수술하지 않기로 했다. 그리고 그 이후 여러 차례 검진에서 큰 이상이 없었다. 그 상태 그대로 유지되고 있었다.

나는 썩 건강한 편이 아니다. 통풍과 갑성선암에 고지혈증도 있다. 하지만 건강하게 일상생활을 하며, 열정적으로 일하고 있다. 아무런 질환 없이 완벽한 건강을 유지하며 살 수 있으면 좋겠지만, 어느 정도 건강이 나쁘고 통증이 있는 것도 그 나름대로 의미 있는 축복이라 생각한다. 나의 연약함을 깨닫고 하나님께 더 의지하게 되기 때문이다.

하나님께서는 내 통풍을 더 악화시키실 수도 있었으며, 내 갑상선암을 키우실 수도 있었다. 하지만 진행을 멈추어주셨다. 특히 치료 방법을 선택하는 데 우유부단한 나에게 사람을 보내주셔서 소언을 듣게 하셨고, 적절한 치료를 통해 나아질 수 있게 하셨다.

지금 내가 누리는 시간은 당연한 것 같지만, 엄청난 축복이다. 하나님의 은혜요, 선물이다. 생명도 건강도 모두 하나님의 것이다. 나는 이것을 관리하는 청지기일 뿐이다. 교통사고를 통해, 그리고 질병을 통해 이것을 확실히 알게 되었다. 생명도 건강도 내 것이 아니니 주인의 뜻대로 사용해야 한다. 이 깨달음이 나의 관심사를 바꾸어놓았다. 사는 방식, 일하고 경영하는 방식도 변화시켰다. 그러나 아직도 어리석고 부족하며, 같은 실수를 반복한다. 나의 약함 가운데서 주님의 능력이 임하기를 늘 기도할 뿐이다.

"나에게 이르시기를 내 은혜가 네게 족하도다 이는 내 능력이 약한 데서 온전하여짐이라 하신지라 그러므로 도리어 크게 기뻐함으로 나의 여러 약한 것들에 대하여 자랑하리니 이는 그리스도의 능력이 내게 머물게 하려 함이라"(고린도후서 12:9)

쓰임 받기 원합니다

한국능률협회컨설팅으로 이직한 초창기에 내가 공부한 자료를 다른 사람에게 나누어줌으로써 조직에 적응하며 성장할 수 있었다는 이야기를 앞에서 했다. 나는 그 이후에도 내가 공부한 지식을 동료나 고객과 나누는 일에 열정을 쏟았다. 이 일에는 손익을 따지지 않았다. 이것이 크리스천 컨설턴트로서 내게 주어진 사명이라 여겼기 때문이다.

KR컨설팅을 창업한 초기에는 《Product Engineering》이라는 전문 잡지를 만들었다. 출판에는 문외한이지만, 기술 경영 분야에서 나와 동료들이 공부하고 쓴 글을 모아서 편집하고 디자인하여 1,500권씩 제작했고, 이것을 관련 기업의 담당자들에게 무료로 배포했다. 이 일에는 상당한 시간과 노력, 자금이 들어갔다. 심지어 회사의 재정 사정을 위축시킬 정도였다. 그래도 지식을 나눈다는 내 사명에 맞는 일이라 생각하여 몇 년간 지속해서 발행하고 배포했다.

또한 작은 회사, 특히 크리스천 청년들이 경영하는 기업을 적극적으로 돕고자 했다. 강의료나 컨설팅비를 받지 않아도, 시간을 내어 자문하고 교육했다. 이 또한 나의 사명이었다. 십일조의 원리를 따라, 내가 일하는 시간의 10~20%는 이들을 위해 봉사하는 게 당연하다고 생각했다. 그리고 더 나아가 이런 일을 좀 더 체계적으로 할 수 있으면 좋겠다는 바람을 가지고 있었다.

어느 날 사무실로 한 통의 전화가 걸려왔다. 직원 한 사람이 이 전화를 받았는데, 컨설팅을 받고 싶다는 내용이었다. 그런데 비용을 치르고 컨설팅을 받을 만한 회사는 아니었다. 조명 디자인 제품을 만들어 파는데, 한 개에 4만~5만 원씩이고 한 달에 20개쯤 판다고 했다. 계산해보니 한 달 매출이 100만 원이 안 되었다. 비용이 적게 든다고 가정해도 사실상 수입이 없는 1인 기업이었다. 전화를 받은 직원은 우리 회사가 컨설팅하기에 적합한 회사가 아니니 거절의 뜻을 전하자고 했지만, 나는 그때 내가 원하고 계획하던 시기가 왔음을 알아차렸다. 그 회사를 컨설팅하는 것은 물론 비슷한 상황의 사람들, 즉 어렵게 작은 규모의 사업을 꾸려가는 크리스천 청년 창업자들을 모아 이들에게 경영을 훈련하며 도움을 주는 프로그램을 시작하기로 한 것이다.

크리스천 청년 사업가들은 어려운 환경에서 열심히 일하지만, 어떻게 회사를 운영하며 성장시켜야 할지 막막한 경우가 많다. 경영 컨설팅이 꼭 필요하지만, 그것을 받을 만한 여유가 없다. 이들에게 도움을 준다면 회사를 잘 운영하고 선교적 기업을 일으켜 하나님 나라를 확장하는 데 기여할 것이다. 그래서 이 일이 소중하다고 생각했다.

예닐곱 명의 청년이 모였다. '아둘람공동체'라고 이름을 붙였다. 다윗이 사울 왕을 피해 동굴에 숨었는데, 다윗 주위로 오갈 데 없는 사람들이 모였다고 한다. 그 동굴 이름이 '아둘람'이다. 그때 아둘람에 모였던 사람들처럼 돈도 없고 직원도 없고 능력도 부족하지만, 잘하고 싶은 마음만 간절한 사람들의 모임이라는 뜻을 담았다.

매주 월요일 저녁 7시에서 9시까지 우리 사무실에 모여서 기업 경영을 공부했다. 구체적인 현안에 대해 자문도 했다. 1년쯤 지나 모임 시간을 토요일로 옮기고 나중에는 한 달에 한 번 모이는 것으로 바꾸었다. 모임 구성원들이 바빠지고 역할이 많아졌기 때문이다. 이것은 아둘람공동체 활동이 열매를 맺었다는 뜻이기도 했다. 그렇게 6년 가까운 세월이 흘렀다. 그에 따라 이들을 '졸업'시켰다. 아둘람공동체가 본연의 임무를 완수하고 해체된 것이다.

아둘람공동체에 참여했던 청년들은 지금 다양한 자리에서 헌신하고 있다. 공동체형 기업을 이끄는 이도 있고, NGO를 통해 국제적인 봉사활동을 펼치는 이도 있다. 이들 중 몇 사람의 생생한 간증을 2장에서 소개하겠다.

나는 아둘람공동체 사역이 의미 있다고 생각하여, 아둘람공동체 2기를 모아서 훈련했다. 매월 첫째와 셋째 주 토요일 아침 8시부터 오후 1시까지 모여서 공부했다. 많을 때는 40명이 모였고 그중 26명은 변함없이 자리를 지켰다. 1년이 지나서 이들에게 수료증을 주고 졸업시키려 했다. 그러자 이들이 반발했다. "1기는 6년이나 했다는데, 저희는 1년 만에 내보내시다니 너무 야속합니다. 저희는 아직 햇병아리입니다. 배울 게 많아요. 그리고 이렇게는 못 헤어집니다." 결국, 이들과 1년 더 만나며 부대끼게 되었다.

아둘람공동체를 지도하면서 또 다른 청년들에게도 관심이 갔다. 북한 청년들에게 선교할 수 있으면 좋겠지만, 그것이 어려우니 중국의 조선족 청년들을 도울 수 있으면 좋겠다는 생각이 들었다. 그래서 칭다오의 조선족 크리스천 청년들을 모아서 일주일간의 세미나를 열었다. 그리고 정기적인 학습 모임을 만들었고 한 달에 한 번씩 내가 칭다오로 가서 이들과 직접 대화하며 지도하였다.

2009년에는 중국 상하이에서 한국 유학생들을 위한 KOSTA(해외 유학생 수련회) 대회가 열렸다. 나는 이 행사 일주일 전에 중국 항저우에 갔다. 그곳에 저장대학교가 있는데 한국 유학생이 무려 600명 정도가 된다고 하였다. 이들에게 KOSTA를 소개하고 참여를 독려하기 위해서였다.

나는 KOSTA 강사로 참여했는데, 5일 일정 중 내가 맡은 강의는 두 차례였다. 강의 이외의 시간에는 유학생들과의 1:1 면담으로 일정이 잡혔다. 그들은 유학생활에서 겪는 어려움과 진로에 관한 고민을 털어놓았다. 나는 진지하게 들었으며, 할 수 있는 한 조언을 했다. 그런데 면담을 신청한 사람이 너무 많아서 주어진 시간 안에 다 만날 수 없었다.

나는 중국 항저우에서 온 한국 유학생들에게 몇 주 후 다시 오겠다며 약속하고 귀국하였다. 이후 약속대로 다시 방문하여 학생들과 면담했다. 며칠간 머물며 학생들과 함께했는데, 떠날 때가 되자 유학생들은 눈물을 보이며 몹시 아쉬워했다. 그래서 나는 적어도 한 달에 한 번은 오겠다고 약속하며 '유학생의 미래를 준비하는 모임'을 만들었다. 이 모임의 설립을 내가 주도했긴 하지만, 시간이 지나가면서 그 지역 크리스천 사업가 등 다른 봉사자들의 참여가 늘었고, 그들의 헌신 속에 크게 발전했다.

2010년 4월에는 항저우 아래 이우시의 기업가들이 나를 초청했다. 당시 '경영은 숫자다'라는 주제로 원가 관리에 대해 강의했다. 강의를 들은 기업가들의 반응은 매우 좋았다. 그들은 강의가 자신들에게 큰 도움이 되었다면서 앞으로도 KR컨설팅으로부터 지속적인 도움을 받고 싶다고 말했다. 나는 다음 달에 다시 이우를 방문했다. 이때 3개 회사와 컨설팅 계약을 맺었다. 선교와 봉사의 목적으로 시작한 일인데 매출이 발생하자 부담스러운 생각이 들었다.

그래서 중국에서 나를 도와주는 분께 이렇게 말했다. "나는 중국에서 번 돈을 나나 우리 회사의 이익으로 삼고 싶은 생각이 없습니다. 중국에서 생긴 모든 수익은 중국 선교를 위해 쓰고 싶습니다. 그래서 중국 법인을 만들려 합니다. 그것을 맡아서 관리해주십시오. 저도 열심히 돕겠습니다." 이렇게 해서 '항주KR경영자문유한공사'가 설립되었다.

그리고 나중에 조선족이 가장 많이 거주하는 중국 지린성 연변 지역에 관심을 두었다. 2018년부터는 연변과기대 겸임교수로서 학생들과 교류해왔다. 매달 중국을 방문하여 학생들에게 강의도 하고, 졸업생들의 사업장을 방문하여 조언하기도 하였다. 안타깝게도 연변과기대는 2022년에 폐교하였다. 2024년부터는 연변 지역에서 사업을 하는 조선족 청년 기업가 여섯 명을 맡아서 지도하기로 했다. 12주 코스 프로그램을 만들어 줌을 통해 강의했으며, 한 달에 한 번은 직접 방문하여 대면 강의를 했다.

그런데 반응이 별로 좋지 않았다. 그들은 내가 큰 기업을 주로 컨설팅해서 그런지, 자신들에게 강의 내용이 잘 와닿지 않고 내가 가르치는 경영 기법들이 너무 어렵다고 하소연했다.

나는 깊이 고민한 끝에 아는 분의 소개를 받아 TMD교육그룹의 고봉익 대표에게 특강을 부탁했다. 그는 청소년 진로 지도 전문가이다. 피부에 와닿는 자녀 교육 문제 강의는 큰 호응을 얻었다. 이런 우여곡절을 거쳐 12주 프로그램이 잘 끝났다. 백두산에서 마지막 워크숍을 했고, 한라산에서 수료식을 하기로 했다. 전 연변과기대 교수님들을 비롯해 여러 명이 자원하여 이들을 맞이했다. 6명의 수료생을 위한 봉사자가 12명이었다.

나중에 이들은 이렇게 이야기했다. "이강락 대표 같은 전문가가 우리를 이끌어준 것 자체가 고맙다. 좀 지루하긴 했지만, 그 열심에 감사한다. 우리가 힘들어하자 고봉익 대표 같은 다른 전문가를 데리고 오는 헌신적 성의를 보여주었다. 한라산의 수료식 때 보내준 환대에 감동했다. 이것은 이강락 대표를 비롯한 모든 이들이 크리스천이기 때문이라고 생각한다. 하나님의 사랑을 배우고 따르는 사람들이기에 이렇듯 사랑과 섬김과 헌신의 모습을 갖출 수 있었을 것이다. 우리도 이분들처럼 살고 싶다. 우리 모두 예수님을 잘 알기 원한다.”

이 말을 들으며 감사와 기쁨이 솟아올랐다. 세계에서 가장 큰 프로젝트를 성공적으로 수행했다고 해도 이보다 기쁘지는 않을 것이다. 나와 이 과정에 힘을 보태준 사람 모두 아무런 수익 없이 시간과 돈을 쓰면서 헌신했다. ‘돈 안 되고 폼도 안 나는 일’에 열중하는 기업가를 어리석게 보는 사람도 있을 것이다. 하지만 우리는 잘 알고 있다. 무엇이 더 큰 성과인지를.

2025년에는 연변의 기업가 12명을 대상으로 같은 과정을 운영하였다. 줌으로 강의하는 것이 효과적이지 않다고 판단하여, 직접 연변을 방문해 대면 강의를 하고 사업체도 방문해 조언하였다.

컨설턴트로서 나의 쓰임은 예상치 못했던 과정을 통해 이루어지기도 했다. 크리스천 의사들의 모임에서 특강을 한 적이 있다. 강연 뒤 마련된 모임에 참석했더니 그들이 얼마 후에 캄보디아로 의료 선교를 하러 간다고 했다. 내가 호기심을 보이자 한 의사 선생님이 나에게 함께 가자고 했다.

"저는 의료진도 아닌데, 거기에 가도 됩니까? 하는 일 없이 폐만 끼칠 것 같습니다."

"그렇지 않습니다. 대표님이 도와주실 일이 많습니다. 거기서 진료만 하는 건 아닙니다."

"제가 무엇을 할 수 있을까요?"

"캄보디아에 의료 선교를 가면 사람들이 많이 몰립니다. 질서 유지를 위해 관리를 해야겠죠. 번호표를 나누어주고 줄을 세워 한 명씩 입장시키는 일을 누군가 맡아야 합니다. 그리고 동영상을 보여준다거나 하면서 진료 절차를 안내하고 교육하는 일도 필요합니다. 진료가 끝나면 처방받은 약을 잘 챙겨가도록 도와주는 일도 필요합니다. 의사와 간호사가 진료에 집중해야 하므로 이런 지원 업무를 누군가 해주면 큰 도움이 됩니다."

대화하다 보니, 나도 할 일이 있을 것 같았다. 그래서 의료 선교 현장에 동행하여 섬길 기회를 얻고자 했다. 가서 보니 진료소를 만들기 위해 천막을 치고, 발전기를 설치하고, 전선을 가설하는 등의 일은 의사보다는 공대 출신인 내가 훨씬 더 잘할 수 있었다. 이후로도 여러 차례 의료 선교에 따라갔고, 여기에서도 내가 쓰임새가 있다는 것이 기뻤다.

그런데 캄보디아 선교사님은 내가 경영 컨설턴트라는 사실을 알고 큰 관심을 보였다. 그리고 한 가지 부탁을 했다. 선교사님들이 현지 청년들을 교육하고 있는데, 이들에게 일자리가 없어서 고민이라고 했다. 사실 캄보디아에는 한국인이 운영하는 봉제 공장 등 사업체가 다수 있었다. 하지만 취직을 부탁하면 우호적으로 받아들이지 않는다고 했다. 이런 상황에서 선교사님들과 한국인 사업가들 사이의 관계가 깊어지도록 다리를 놓아달라는 것이었다.

내가 어떤 방법으로 도우면 좋을지 물어보자, 선교사님은 "현지 한국인 사업가들을 대상으로 강의를 해주시면 어떨까요? 그러면 대표님이 떠나신 후에도 우리가 이들에게 취업을 부탁하기 수월해질 겁니다"라고 말했다. 좋은 아이디어였다. 이렇게 해서 캄보디아 선교사님들은 현지 한국인 사업가를 대상으로 경영 세미나를 개최했고 내가 주 강사를 맡았다. 그 자리에 많은 한국인 경영자가 참석했다. 강의가 끝나자 참석했던 경영자들은 나에게 자기 회사에 와서 직원들 대상의 강의를 해달라고 부탁했다. 나는 그 요청을 흔쾌히 들어주었다. 그 대신 한국인 사업가들이 선교사님들의 어려운 점을 해결해주었으면 좋겠다고 부탁했다.

의료 선교를 보조하러 가서도 나의 직업적 특성에 맞게 쓰임 받으며 섬길 수 있어서 감사하고 기뻤다. 그리고 해외의 선교사님들, 현지 한국인 경영자들과 유학생, 현지 기업들을 매개로 한 비즈니스 선교의 가능성에 더 큰 관심을 갖게 되었다.

2025년 9월 초에 SFK 교육 프로그램의 강사들과 함께 중앙아시아의 카자흐스탄과 키르기스스탄을 다녀왔다. 나는 SFK(Synergy for the Kingdom Ministries)라는 전문인 선교단체에 참여하고 있다. 이

단체는 BAM(Business As Mission) 사역을 하는 이들을 대상으로 훈련과 지원을 제공한다. 나도 온라인 강의를 맡고 있다. 이 단체를 통해 훈련받은 청년 사업가가 중앙아시아에서 맺은 열매를 보며 큰 감동을 받았다. 굳이 따지자면 그의 선생이요, 경영 컨설턴트인 내가 그로부터 '아, 이렇게 사업을 해야 하는구나'라고 배울 정도였다.

앞선 글에서 나의 지나온 삶을 이야기했다. 나는 부족하고 무능한 사람이다. 실수를 거듭 저질렀다. 하나님의 은혜에 빚지며 살아왔다. 그런데도 내 욕심을 채우려 했다. 이런 내가 어디선가 쓰임을 받을 수 있다는 것은 한없는 축복이다. 그것도 내가 일하는 분야의 보잘것없는 재주를 통해 쓰임 받으니 얼마나 값지고 행복한가. 독자 여러분도, 여러분이 이끄는 기업과 경영을 통해 이 기쁨을 함께 누리기를 바라고 기도한다.

"우리가 이 보배를 질그릇에 가졌으니 이는 심히 큰 능력은 하나님께 있고 우리에게 있지 아니함을 알게 하려 함이라"(고린도후서 4:7)

나만의 특별 새벽기도

2008년 가을이었다. 한국능률협회컨설팅으로부터 독립한 지 11년, KR컨설팅이라는 이름의 회사를 시작한 지 10년이 흐른 때였다. 잠잠히 지나온 날들을 돌이켜보았다. 어느 한순간도 은혜가 아닌 때가 없었다. "가지 많은 나무에 바람 잘 날 없다"는 속담처럼 수많은 어려움과 요동을 만나며 지나왔다.

회사를 시작하던 초기에는 "서당 개도 3년이면 풍월을 읊는다"는데, 10년쯤 사업을 하면 경영자로서 관록이 쌓이고 뭔가 잘해나갈 수 있지 않을까 하는 막연한 기대가 있었다. 그런데 막상 10년이 지나도 나는 여전히 부족한 경영자였다. 사업이 성장하긴 했지만, 회사가 탄탄대로로 들어서서 안정된 것은 아니었다. 그리고 1년 된 기업이든, 100년 된 기업이든 리스크는 항상 존재한다. '비즈니스의 안정과 완성이란 존재하지 않는다'는 점을 새삼 느끼게 되었다. 작은 배는 작은 파도에 시달리고, 큰 배는 큰 파도에 시달린다는 말이 자연스럽게 떠올랐다.

물론 나를 부러워하는 사람도 있었다. 사업의 기반이 잡혀 안정돼 보이고 성과도 잘 나는 것 같이 보였을 수도 있다. 외부 평가도 좋았다. 그러나 속사정을 모두 아는 내 생각은 달랐다. 어려움, 위기, 실수로 뒤덮인 채였다.

앞으로 어떻게 살아야 할지, 어떻게 회사를 경영해야 할지도 깊이 생각했다. 이스라엘 민족의 출애굽이 떠올랐다. 하나님께서는 그들의 40년 광야 생활을 구름기둥과 불기둥으로 인도하셨다. 그들이 걷는 방향과 속도를 오로지 하나님께서 인도하셨다. 구름기둥이 이끄는 대로 이동했으며, 구름기둥이 멈추면 그곳에 장막을 치고 머물렀다. 밤에는 불기둥이 그들을 보호해주었다. 이러한 인도와 보호의 40년이 지나서 이스라엘 민족은 가나안 땅에 들어갈 수 있었다.

내 지혜로는 잘할 수 없으며, 회사를 잘 경영할 수 없음을 상기했다. 나는 동서남북 중 어디로 갈지를 알지 못한다. 구름기둥과 불기둥으로 인도하시는 하나님께 내 인생을 온전히 맡기고 그분의 인도를 따르는 것이 가장 현명한 길임은 분명했다.

내 인생의 진정한 혁신은 하나님을 만남으로써 이루어졌다. 앞으로 사업의 혁신 역시 하나님을 만날 때만 가능할 것이다. 나는 나만의 특별 새벽기도를 작정했다. 2008년 10월 11일부터 11월 19일까지

40일간 작정해서 기도하기로 마음을 먹었다. 교회 새벽 예배에 참석해서 설교를 듣고 말씀을 묵상하고 깊이 기도했다.

작정한 40일이 지나면서 나에게 변화가 일어난 것이 체감되었다. 나는 경솔하게 말하고 처신하여 실수한 적이 많았다. 앞에서도 이야기했듯 신중하지 못하게 약속하여 직원들에게 상처를 주기도 했다. 그런데 매일 새벽마다 기도하는 흐름으로 살아보니, 제안에 대한 대답이나 약속을 최소한 하루는 미루게 되었다. '내일 새벽에 기도한 후에 결정하자'라고 생각한 것이다. 나는 이렇게 말하곤 했다. "제가 잘 생각해보고 내일 아침 8시까지 말씀드리겠습니다." 내 마음속으로는 괜찮겠다는 판단이 서도, '내일 새벽에 하나님께 여쭈어보고 결정한 후에 실행하자'는 마음이었던 것이다.

이렇게 생활하면서 즉흥적이고 경솔한 태도가 많이 고쳐졌다. 판단과 결정, 말과 행동이 신중해졌으며, 실수도 줄어들었다. 이렇게 나만의 40일 특별 새벽기도가 끝났다. 그런데 하나님의 인도하심을 바라고 순종하는 훈련을 하는 데 40일로는 부족하다는 생각이 들었다. 그래서 한 번 더 하기로 했다. 11월 20일부터 연말까지 대략 40일이었다. 하지만 40일 더 하는 것은 여전히 부족하게 느껴졌다. '여기에 내년 한 해를 모두 더하면 405일이니, 이번에는 400일 특별 새벽기도를 하자'는 결단이 생겼다. 40일을 했으니 그 10배인 400일에 도전하기로 한 것이다.

2009년 12월 23일에 400일이 되었다. 결심한 기한을 채웠다고 해서 특별 새벽기도를 그칠 필요는 전혀 없었다. 매일 아침 말씀을 묵상하고 기도하며, 하나님의 뜻과 인도하심을 구하는 생활은 형언할 수 없는 기쁨과 평안, 삶의 유익을 주었다. 한 번 더 연장하는 게 옳았다.

성경에 자주 나오는 40단위가 좋고 의미 있는데, 400일은 1년 단위와 맞아떨어지지 않았다. 40일과 400일을 경험하였으니, 이제 400일의 10배인 4,000일을 도전하면 어떠할까를 검토해보았다. 생각해보니 11년이면 대충 4,000일이 되었다. 그래서 4,000일 특별 새벽기도를 작정했다. 2010년 1월 1일부터 2020년 연말까지다. 그 당시에는 그때까지 내가 살아 있을지 모르지만, 마음을 정하여 해보자고 결심했다. 그리고 그 4,000일도 지났다.

나만의 40일 특별 새벽기도는 400일 특별 새벽기도로, 4,000일 새벽기도로 규모가 커졌다. 이제 4만일 새벽기도를 할 차례다. 4만일이면 110년이다. 110년을 더 살겠다는 건 과한 욕심이다. 하지만 이 땅에서 호흡이 끊기는 날까지 말씀을 읽고 기도하며 하나님의 뜻을 깨닫고 이에 순종하는 삶을 멈추지 않을 작정이다.

내 신앙이 한 치라도 자랐다면, 내가 경영하는 것이 변화와 혁신을 이루었다면 그것은 이 새벽에 비롯된 일이라고 본다.

혼란과 어려움 속에서 기업을 잘 경영하고 싶은 여러분께 내 경험을 전한다. 당신만의 특별 새벽기도를 작정하고 시작하라. 당신의 문제를 놓고 하나님의 인도하심을 구하라. 새벽 시간이 가장 좋지만, 여건이 허락하지 않는다면 저녁이나 밤이라도 매일 정한 시간에 하나님을 만나서 대화하는 시간을 가져라. 그 놀라운 변화와 유익을 경험하라. 그러면 작정한 기한이 끝나더라도, 내가 그랬듯 당신도 특별 새벽기도 기간을 늘려가게 것이다.

"그러므로 우리가 낙심하지 아니하노니 우리의 겉사람은 낡아지나 우리의 속사람은 날로 새로워지도다"(고린도후서 4:16)

2장

하나님이 경영하신다

유한한 사람 대신
무한한 하나님께 시선을 두자

1장에서는 내가 살아온 시간을 돌이켜보며, 내가 공부하고 일하고 경영하는 중에 역사하신 하나님의 은혜를 고백했다. 2장에서는 그동안 내가 만나온 크리스천 경영자와 그들이 이끄는 기업의 이야기를 하려 한다. 이들은 다양한 규모와 업종에 속해 있으며, 거룩한 경영을 실천하는 모습 또한 다양하다.

그 이야기를 시작하면서 한 가지 염려되는 점이 있다. 어떤 경영자나 기업의 사례를 절대적인 롤모델로 삼아, 그것에 의존하려는 분이 생길지도 모른다는 노파심이다. 기업 경영에서 '월드 베스트 프랙티스(World Best Practice, 세계 1등 기업의 실천 관행)'를 벤치마킹하는 것과 거룩한 경영을 모방하는 것은 서로 다른 차원이다.

앞에서 내 이야기를 했지만, 나를 본받아서는 안 된다. 내가 걸어

온 길은 실패와 실수, 부족함으로 점철되어 있다. 하나님의 큰 은혜를 입었을 뿐이다. 주목해야 할 부분은 내가 아니라 하나님의 은혜이다.

2장에서 소개하는 기업의 경영자들도 본받을 만한 믿음과 겸손한 섬김의 실천으로 경영의 모범을 보였고, 앞으로도 그렇게 하리라 믿는다. 하지만 이분들도 사람이다. 그 뒤에 계신 하나님을 보아야 한다.

바울과 바나바가 루가오니아의 루스드라에서 복음을 전하면서 걷지 못하는 사람을 일으켜 걷게 하는 기적을 일으키자, 군중들이 그들을 신으로 섬기려 한다. 그때 바울과 바나바는 옷을 찢으며 이렇게 부르짖는다.

"여러분이여 어찌하여 이러한 일을 하느냐 우리도 여러분과 같은 성정을 가진 사람이라 여러분에게 복음을 전하는 것은 이런 헛된 일을 버리고 천지와 바다와 그 가운데 만물을 지으시고 살아 계신 하나님께로 돌아오게 함이라"(사도행전 14:15)

여러 사례를 통해 성찰하며 배우되, 그 사람 배후에 계신 하나님과 그 역사하심의 비밀을 발견하기를 바란다.

기독교적인 경영을 실천함으로써 주목받았던 여러 기업이 세월이 지난 후에 점점 그 모습을 잃어버리는 것을 보기도 하면서 나는 여러 번 안타까워했다.

어떤 기업은 창업자가 회사 안에 교회를 세우고, 수익을 통해 선한 사업에 힘써왔으며, 크리스천 경영자 모임에서도 큰 역할을 했다. 그러나 이 기업은 후대로 경영권이 승계된 이후 주주 구성이 달라졌고, 크리스천 기업의 정체성을 잃어버렸다.

또, 어떤 기업은 창업하고 성장하는 과정에서 기독교 정신의 숭고한 가치를 드러내며 존경을 받았다. 부패한 관행을 거부하고 정직하고 성실하게 경영했으며, 직원들은 기독교 공동체의 구성원으로서 서로 섬기고 협력하는 모습을 보여주었다. 그런데 이 회사는 자금난에 빠지고, 외부 투자를 받은 후에 변했다. 직원들이 주일 예배를 드리는 것조차 힘든 근무 체계를 만들었고, 노조와 반목하였으며, 부당한 경영 형태로 사회적 비판을 받기에 이르렀다.

또한, 한 크리스천 경영자는 그리스도인다운 기업 경영은 물론 봉사와 헌신으로 두루두루 존경받았지만, 도덕적인 실수가 드러나면서 더 큰 비난의 대상이 되었다.

물론 크리스천 경영자나 기업은 똑같은 잘못을 해도 다른 경영자나 기업들보다 더 혹독한 비판에 시달리는 경향이 있다. 못마땅하게 여기는 사람들이 주목하고 있다가, 작은 흠이 발견되면 이를 과장해서 비난하곤 한다. 일반적인 기업이라면 그러려니 하고 넘어갈 문제도 크리스천 기업이라면 치명적인 과오로 지적하며 헐뜯는다. 하지만 그렇다고 해서 있는 잘못이 없는 게 되지는 않는다. 세상이 우리의 실수를 기다리고 있다면, 그럴수록 더 철저해져야 한다.

한때 거룩한 경영을 실천하다가 나중에 퇴색하거나 실수하는 기업의 모습을 보며 상처받거나 실망할 필요는 없다. 과거 그들이 보여준 남다른 실천의 의미를 폄하하는 것도 바람직하지 못하다. 우리는 이로부터 배울 수 있다.

성경은 반복해서 인간의 삶이 얼마나 짧고 연약한지 보여준다. 우리의 날들은 풀과 같고, 그 영화는 잠시 피었다가 금세 시드는 꽃과 같다(시편 103:15-16, 이사야 40:6-7). 바람이 불면 자취조차 남지 않고 사라져버리는 것이 인간의 인생이다.

시편 기자는 "주께서 나의 날을 손 너비만큼 되게 하셨다"(시편 39:5)라고 고백하며, 사람의 일생이 하나님 앞에서는 없는 것과 같음을 인정한다. 전도자는 "헛되고 헛되며 모든 것이 헛되다"(전도서 1:2)라고 선언한다. 인간이 아무리 든든해 보일 때도 결국 본질적 허무를 피할 수 없다.

우리의 연수는 칠십, 강건하면 팔십에 지나지 않는다. 그리고 그 모든 날은 수고와 슬픔뿐이며 신속히 지나가 버린다(시편 90:10). 우리는 질그릇처럼 쉽게 깨지고 약한 존재일 뿐이다. 그러나 바로 그 안에 보배 되신 하나님을 모실 때, 능력과 소망이 우리 안에 나타난다(고린도후서 4:7).

결국, 인간의 유한성과 연약함은 부끄러움이 아니라 하나님께로 이끌리는 길이다. 우리가 강하지 않기에 하나님을 찾고, 우리가 오래가지 못하기에 영원하신 하나님을 바라본다. 사람은 풀과 같으나, 말씀하시는 하나님은 영원하시며(이사야 40:8), 그분께서만 우리의 영원한 반석과 분깃이 되어 주신다(시편 73:26).

이 책의 사례를 보며, 사람과 기업의 성공에 너무 주목하지 않기를 바란다. 그러면 이후에 작은 실수나 실패에 쉽게 상처받게 된다. 그 상처는 무익한 것이다.

성경은 우리에게 이렇게 가르친다. 사람의 연약함을 인정하고, 영원히 변치 않으시는 하나님께 소망을 두라. 사람의 실수를 문제로 보지 않고 완전하신 삼위일체 하나님께로 돌아감이 소중하다.

우리 회사의 주인은 하나님

미국 캘리포니아주 로스앤젤레스에 있는 무역회사 한 곳으로부터 업무 요청을 받았다. 이 기업은 한국인 이민자가 창업주인데, 한국의 제조업체와 협력하여 사업을 전개하고 싶다며 좋은 아이템이 있으면 적극 소개해달라고 했다. 나는 적합한 부품 제조업체를 찾아서 연결해주었다. 두 회사 간에 우호적으로 제안이 오갔고, 로스앤젤레스의 무역회사는 한국의 제조업체에 정식 견적을 요청했다.

제조업체는 계산기를 두드려 적정 가격을 책정했다. 그리고 가격 협상 과정에서 깎일 금액을 고려하여 10% 정도 비싼 단가로 견적서를 작성해서 보냈다. 예를 들어 이윤을 포함해 적정한 단가가 10달러라면 11달러짜리 견적서를 보낸 것이다.

얼마 후 정식 주문이 왔는데, 견적한 금액보다 10% 더 높은 금액이었다. 예를 들어, 11달러 견적 단가에 10%가 더 붙은 12.1달러짜리 주문이 온 것이다. 한국의 제조업체는 주문 금액에 착오가 생겼다고 판단했다. 일반적으로 대금을 깎는 일은 있어도 견적서보다 더 주는 일은 없기 때문이다. 이 상태로 돈을 받았다가는 나중에 환급해줘야 하는데, 무역과 외환 거래의 특수성상 절차가 복잡해질 수 있어 여간 골치 아픈 일이 아니었다.

할 수 없이 로스앤젤레스의 무역회사에 전화를 걸어 사정을 알아보았다. 자신들이 11달러로 견적했는데, 12.1달러짜리 주문이 왔으니 어떻게 된 일이냐고 물었다. 그러나 무역회사 담당자는 단가가 12.1달러가 맞다고 확인해주었다. 11달러 견적서를 바탕으로 거래처에 자신들의 수수료 등 여러 조건을 감안하여 공급업체의 견적 금액을 12.1달러로 제시했는데, 거래처에서 곧바로 그 조건을 받아들였다고 한다. 그런데 자신들이 받아야 할 수수료는 자기 회사의 기준대로 일정 비율을 계산했기에 상관없다고 하였다. 그러므로 한국의 제조업체는 12.1달러 단가를 받고 수출하면 된다고 말했다. 다만, 첫 거래이니 품질 문제에 더욱 신경 써달라고 부탁하였다.

한국의 제조업체는 견적 금액보다 10%를 깎일 것이라 예상했는데, 10%를 더 받게 되었다. 어떻게 이런 거래가 가능했을까? 로스앤젤레스의 무역회사가 정직하게 일했기 때문이다. 한국 업체는 일반적인 관행대로 하였다. 그러나 미국의 무역회사는 제안한 그대로를 의심 없이 받아들였을 뿐만 아니라 자신의 거래 체결 조건을 숨김없이 솔직하게 공개했다. 자기들이 받아야 할 합리적 수수료 이상을 욕심 내지 않고, 협의 과정에서 발생한 추가 이익 전체를 파트너에게 돌려 주었다. 작은 이익을 두고 속고 속이는 비즈니스 세계에서는 극히 드문 일이다.

이 이야기의 주인공은 A라는 한국계 이민자가 설립한 기업 B이다. A 대표는 청소년기에 부모님과 함께 미국에 이민했다. 그는 미국에서 MBA를 마치고 사업을 시작했다. MBA 과정 중에 한 교수의 미래학 강의를 들으며 큰 영감을 받았다고 한다. 그는 이를 바탕으로 5년 후, 10년 후, 20년 후의 미국 사회 변화를 예측했다. 그리고 그 미래학 교수님과 함께 발전 가능성이 큰 신도시 예정지에서 부동산 개발 사업을 전개했다. 그 결과 엄청난 수익을 올릴 수 있었다. 그런데 외지인이 지역에 들어와 개발 이익을 챙기는 것에 대해 지역 주민의 반발이 거셌다. 환경문제 등을 둘러싸고 법률 분쟁이 끊이지 않았다.

A 대표는 미래학을 가르치던 교수의 가르침과 자신의 판단을 현장에서 검증한 데서 만족하기로 결심했다. 그는 회사를 매각하고 이익 전부를 그 지역에 기부했다. 지역 주민들은 A 대표의 행동에 크게 감동했다. 그리고 그를 괴롭혔던 것에 대해 진심으로 사과하면서 그 지역에 남아 계속 사업해줄 것을 부탁했다.

하지만 그는 자신은 교수님께 배운 미래학 이론을 검증한 것으로 만족한다고 말하고, 그 지역을 떠나 로스앤젤레스에서 새로운 사업을 시작했다. 항공기 부품을 수출입하는 사업을 펼쳐서 회사를 크게 일구었다.

나는 로스앤젤레스의 B 기업을 직접 방문한 적이 있다. A 대표의 사무실에 들어가니, 책상이 두 개 놓여 있었다. 하나는 사무실 가운데 좋은 자리에 놓여 있었는데, 꽤 고급스러워 보였다. 그리고 그 책상과 직각을 이루는 자리에 작고 평범해 보이는 책상 하나가 더 놓여 있었다. 한눈에 보아도 하나는 사장의 책상이고, 다른 하나는 비서의 책상임을 알 수 있었다. 그러나 A 대표는 작고 평범한 책상이 자기가 쓰는 것이라고 했다. 대표보다 더 높은 이가 쓰는 크고 멋진 책상 위에는 성경책 한 권과 전화기 한 대가 놓여 있었다. 이 특이한 사무실 배치는 B 기업의 진정한 경영자이자 주인은 하나님이시며, A 대표 자신은 청지기에 불과하다는 인식과 태도를 표현한 것이었다.

그리고 멋진 책상에 놓인 전화기에서는 치직거리는 소리가 끊임없이 흘러나왔다. 수십, 수백 명의 대화가 한데 뒤섞인 듯한 잡음이었다. 나는 A 대표에게 물어보았다. "대표님, 전화기에서 흘러나오는 잡음은 무슨 소리인가요?" 그러자 그가 대답했다. "하나님께서는 우리 회사 직원들의 모든 대화를 듣고 계신다고 생각합니다. 그것을 상기하기 위해 회사의 전화 회선을 모두 저 전화기와 연결해두었습니다."

회사 이름도 A 대표의 이러한 경영 철학을 반영하고 있다. 이 회사의 이름은 '하나님께서 회장님(이사회 의장)이다'는 문장의 각 단어 머리 글자를 따서 만들었다. 그는 하나님께서 회사의 주인이시며 최고경영자라는 중요한 사실을 한순간도 잊지 않았다.

나를 만났을 때, A 대표는 앞으로 7년에 걸쳐 자기 지분을 모두 직원들에게 양도할 계획이라고 말했다. 시간이 지나서 자신이 은퇴하고 나면 회사의 지분이 직원들에게 가는 게 자연스러운데, 한꺼번에 양도하는 것은 세금 등의 문제가 뒤따를 수 있어 7년으로 분할하여 보너스 형식으로 양도할 계획이라고 했다.

예전에 부동산 개발 사업의 이익 전부를 해당 지역사회에 기부한 것과 같은 맥락이었다. 그는 사업을 통해 얻은 이익은 자기 것이 아니라고 진심으로 받아들이고 있었다.

경영자가 재산이나 이익의 10%만 내놓아도 존경을 받는다. 증여세나 상속세만 제대로 낸다면 자녀들에게 상속하는 것도 자연스럽게 받아들여진다. 재산의 절반을 사회를 위해 내놓고, 절반은 자신과 가족을 위해 쓰는 정도도 언론의 주목을 받을 만큼 드물다.

그런데 A 대표는 자신의 것을 챙기지 않고 모두 다 내놓았다. 이는 그가 회사 이름을 짓거나 사무실 배치를 한 것이 그저 보이기 위한 게 아니라, 그의 진심에서 우러나온 필연적인 행동임을 보여준다.

A 대표는 기업 경영 외에도 미국 내 재미교포들의 권익 증진을 위한 활동에도 적극적이다. 그는 또한 한반도를 비롯한 세계 평화를 위해 기여하는 단체를 이끌며, 민간 외교관 역할을 자임하고 있다. 전문 연구소를 설립하여 아시아와 미국의 폭넓은 교류를 촉진하는 데 힘을 쏟아왔다. 특히 퇴직 외교관 등의 활동을 후원하면서 그들의 인적 네트워크가 한국과 아시아, 세계 평화를 위해 활용되도록 외교적 영

향력을 행사하고 있다. 그는 한반도의 긴장 완화를 위해 북-미 민간 교류 협력을 적극 지원해왔다. 2008년 2월에는 뉴욕필하모닉 오케스트라의 평양 공연을 후원했고, 미국 시러큐스대학과 북한 김책공업종합대학의 정보기술 협력도 후원했다.

A 대표는 미국의 외교 문제 자문기관인 외교협회 회원으로도 활동하고 있으며, 조지 W. 부시 대통령 재임 당시인 2006년부터 2008년까지 미국을 대표하여 아시아태평양경제협력(APEC) 포럼의 비즈니스 자문위원회 위원장을 역임했고, 1999년부터 2012년까지는 The Korea Society 이사회의 이사로 활동했다.

개인적으로는 그 회사를 방문하고 특별한 인상을 받았다. 인터뷰를 요청하고, 오후 2시부터 4시까지 면담 시간을 약속하고 회사에 방문하였다. 2시가 되어 대화를 시작하면서 그는 질문을 던졌다.

"제가 어떻게 예수님을 믿게 되었는지부터 말씀드리면 안 될까요?"

나는 당연히 동의하였다. 그는 진지하게 자신이 예수 그리스도를 영접한 과거 일들을 들려주었다. 나는 시간 가는 줄 모르고 그 이야기를 들었다. 두 사람 모두 시간을 의식하지 못했는데, 금세 오후 4시가 되었다. 나는 아직 본격적인 질문을 하나도 하지 못한 상황이라 안타까웠다.

A 대표는 미안해하면서 비서에게 연락하여 시간 조정을 요청하였다. 그리고는 밝은 미소를 띠면서 "2시간 연장을 했으니 시간이 충

분합니다"라고 하였다. 그러면서 "아까 이야기를 하다 말았는데, 조금 더 하면 좋겠습니다"라고 말하였다. 나는 동의하였다. 그는 자신이 예수님을 믿게 된 이야기를 이어갔다. 그리고 하나님께서 자신을 어떻게 사용하시는지를 재미있게 들려주었다. 그의 이야기 속에서 매우 세밀하게 함께하시는 하나님의 사랑을 느낄 수 있었다.

그러는 사이에 오후 6시가 되었다. 나는 여전히 질문을 하나도 하지 못한 상태였다. 하지만 나는 빙긋이 웃으며 말하였다.

"더 여쭈어볼 것이 없습니다."

하나님을 주인으로 모신 기업가로서, 그리고 국제 활동가로서 그의 헌신이 귀하게 쓰임 받으며 계속 아름다운 열매를 맺기를 기도한다.

축복의 통로, 복음의 통로

새로운 세기, 새로운 천년이 시작되던 무렵, 세계는 미래에 대한 장밋빛 기대가 커졌지만, 한국의 청년들은 마냥 기대로 부풀 수는 없었다. IMF 외환위기 직후의 불황과 불안이 그들의 미래를 옥죄었기 때문이었다.

C 청년도 앞으로 무엇을 하며, 어떻게 살지를 깊이 고민하고 있었다. 그는 이른바 명문 대학 출신이 아니었고, 전문 자격 소지자도 아니었으며, 특별한 기술을 지니지도 않았다. 남보다 나은 것이 있다면, 카투사로 군 복무를 했기에 영어 회화 실력이 뛰어났다는 점이다. 그리고 음악적 감수성이 강해 기타 연주와 노래를 잘했다.

하지만 이런 장점은 취업하는 데 결정적인 요인으로 작용하지 못했다. 그래도 그는 낙심하지 않았다. 자신의 미래를 낙관했다. 하나님을 믿고 의지했기 때문이다. 신앙생활을 잘하며, 선량하고 성실하게 살면 하나님께서 그의 앞길을 선한 길로 인도해주시리라는 믿음을 놓지 않았다.

그가 여러 방면으로 진로를 모색하던 중, 중국에서 사업하는 친구와 앞일을 상의하게 되었다. 그 친구는 칭다오에서 액세서리 유통업을 하고 있었는데, 가까이에서 자신을 도와줄 신뢰할 만한 사람이 꼭 필요하다고 했다. 친구는 1~2년 정도 자신을 도와주면서 일을 배우고, 나중에 독립하면 어떻겠느냐고 제안했다.

C 청년은 자신의 강점인 영어를 활용하지 못하는 중국에서 살아야 한다는 점이 썩 달갑지만은 않았지만, 생계를 해결하면서 일을 배우고 나아가 더 나은 미래를 개척할 수 있으리라 생각하고 그 제안을 받아들였다. 그리고 친구를 도와 열심히 일했다.

1년 정도 집중해서 일하다 보니 업무의 흐름을 익힐 수 있었다. 친구는 자신이 도와줄 터이니 근처에서 독립하라고 권했다. 하지만 C 청년은 선뜻 그렇게 할 수 없었다. 친구의 근거리에서 창업하면 고객이 겹쳐서 폐가 될 수 있다고 생각한 것이다. 이것은 자신을 돕고 일을 가르쳐준 친구에 대한 도리가 아니었다.

그는 친구의 활동 영역 바깥으로 떠나기로 했다. 중국에는 액세서리 제품의 중심지가 두 곳이었다. 한 곳은 친구가 있는 칭다오이고, 다른 한 곳은 이우였다. 칭다오가 고급품 중심이라면, 이우는 더 값싼 제품이 주류였다. 마침 중국 정부가 이우에 무역 시장을 활성화시키고 있었다. 그는 이우에서 사업을 하리라 마음먹었다.

그리고 이우에 가서 창업을 위한 시장조사를 했지만, 여의치 않았다. 지역 상인들은 가진 것 없는 한국인 청년에게 자세한 정보를 제공하지 않았다. 하지만 그는 이우의 푸텐시장을 돌며 시장조사를 열심히 했다. 그는 하나님께서 불리한 여건 속에서도 길을 열어주시기를 간절히 기도했다.

하루는 그가 호텔 로비에 앉아 있는데, 프런트에서 외국인과 중국인 종업원이 서로 어쩔 줄 몰라 당황하는 광경이 보였다. 그때에는 중국 중소 도시의 호텔에 영어에 능통한 종업원이 드물었고, 외국인도 중국어를 잘하지 못했다. 그래서 체크인이나 체크아웃을 할 때 어려움을 겪곤 했다. C 청년이 목격한 장면도 이와 비슷한 상황이었다.

그는 카투사 출신이라 영어를 잘하고, 1년여 중국 생활을 통해 기본적인 중국어를 구사할 수 있었다. 크리스천으로서 친절이 몸에 밴 그는 벌떡 일어나 그 자리로 다가갔다. 그리고 통역을 하며 문제를 해결해주었다. 그런데 그 외국인은 무역을 위해 온 바이어였다. 마침 그에게는 영어와 중국어가 가능하며 비즈니스를 아는 가이드가 필요했다. C 청년은 그 조건에 딱 맞는 사람이었다.

C 청년은 외국인 바이어와 함께 푸텐시장으로 갔다. 통역하고 안내하면서 그를 도왔다. 이 과정에서 자신이 조사하고자 한 것도 함께 알아보았다. 큰 회사의 바이어들과 동행하니, 그가 혼자 시장을 다니며 질문할 때와는 상인들의 태도가 달랐다. 궁금하던 것을 묻고 들으

며 제법 자세한 정보를 얻었다. 또한, 인근의 생산 공장을 직접 방문하기도 했다. 이렇게 바이어를 도우면서 체계적인 시장조사를 병행할 수 있었고, 어떻게 사업을 시작할지 가닥을 잡아가게 되었다.

외국인 바이어도 시간을 내어 자신들의 업무를 친절하고 성실히 도와준 C 청년에게 깊은 고마움을 느꼈다. 또한, 친절하고 긍정적이며 성실한 그의 모습에 신뢰를 갖게 되었다. 그 외국인 바이어는 일정을 마치고 떠나면서 C 청년에게 자기 회사의 에이전트 역할을 맡아달라고 제안했다.

그에게 기대하지도 않았던 첫 고객이 생겼다. 그는 바이어의 위탁을 받아 시장을 돌아다니며 미팅을 하고, 샘플을 요청하고, 구매를 대행해주었다. 그는 정직하고 성실하게 맡은 일을 잘 수행했다. 나중에 알고 보니 그 외국인 바이어는 영국 큰 가게의 구매 책임자였다. 덕분에 쉽게 자리를 잡게 되었다. 그러면서 영어권, 즉 미국이나 영국의 바이어들에게 일 잘하는 사람으로 알려지며 좋은 평판을 쌓아갔다.

하나님께서 영어를 잘하는 그의 특성을 매개로 '만남의 축복'을 주셨던 것이다. 이런 기회를 통해 그는 초기 기반을 잡았고 회사를 키워갔다. 그 회사가 이우에 본사를 둔 D 기업이다.

10여 년 전 내가 방문했을 때, D 기업은 종업원 110명에 연 매출 500억 원이 넘는 알찬 회사로 성장해 있었다. 이우에 있는 한국인 기업 중 세금을 가장 많이 내는 회사라고 했다. 그래서인지 현지 공무원들과 지역사회는 D 기업을 좋아했다. 학교처럼 생긴 5층 건물을 전부 사용했는데, 1층은 창고, 2층은 포장 및 물류 작업실, 3층은 사무실, 4층은 쇼룸과 디자인실, 5층은 휴게실로 활용하고 있었다.

특히 인상적이고 존경스러웠던 점은 C 대표의 선교에 대한 열정이었다. D 기업은 한국인 직원이 10%, 중국인 직원이 90% 비중이었는데, 중국인 직원에게 복음을 전하는 데 열심을 품고 헌신하고 있었다. 중국에는 공식적으로 종교의 자유가 있지만, 제한적이다. 그리고 선교는 법으로 금지되어 있다. 외국인이 중국인에게 전도하는 게 불법이다. 그는 이런 환경에서 기업 경영을 통해 복음이 자연스럽게 전달되게 하는 방법을 찾았다.

그 첫 번째는 직원들을 환대하는 것이다. 열심히 경영하여 수익을 늘리고, 이것을 직원들에게 배분하는 데 적극적이었다. 또한, 각종 복지 프로그램을 도입하여 직원들이 이 회사에 근무하는 것을 행복하게 받아들이도록 노력했다. 그리고 이렇게 좋은 회사의 경영진이 크리스천이며 회사 운영 원리가 기독교 정신임을 직원들이 알게 됨으로써 복음에 대한 우호적인 마음이 형성되었다.

두 번째는 영어 교육이다. D 기업은 무역회사이므로 영어 학습이 필수이다. 사내에 영어 교육 프로그램이 도입되어 있다. 그런데 영어 교육의 중요한 교재로 영어 성경을 사용한다. 영어를 공부하면서 자연스럽게 복음을 접하도록 한 것이다.

세 번째는 음악 활동이다. 지금은 어떤지 잘 모르겠지만, 그 당시만 해도 중국에는 음악 교육이나 음악과 관련된 취미 활동이 활성화

되어 있지 않았다. 기타 같은 악기를 배운 사람도 많지 않았다. 그렇지만 음악을 좋아하고 즐기며, 이에 대한 관심도 많았다. C 대표는 이 점에 착안해서 회사에 음악 프로그램을 도입했다. 자신이 직접 기타와 노래를 가르쳐주었다. 이 노래 중 다수는 CCM(Contemporary Christian Music)이다.

이 회사에 근무하는 한국인 직원 대부분은 크리스천이다. 그들은 영어 성경 공부와 음악 프로그램의 강사로 참여한다. 그리고 크리스천 전문가들을 초청하여 특강도 연다. 이렇게 하여 중국인 직원들은 회사에서 일하고 배우며 자연스럽게 크리스천을 만나고 복음과 기독교 정신을 접하게 된다.

D 기업은 지역사회를 섬기는 데도 열정적이다. 백혈병 어린이 돕기 사업, 보육원과 병원, 양로원 등을 방문하는 봉사활동을 힘써서 하고 있다. 그리고 기업 이익 중 제법 많은 비율을 기부금으로 낸다. 기금을 만들어 운영하는데, 직원들도 자원해서 여기에 참여하도록 권한다. 봉사활동 중에는 음악 연주도 있다.

늘 기도하면서, 성실히 일하고, 고객과 직원들을 겸손하게 섬기며, 낮은 곳을 향해 봉사하는 데도 헌신하는 경영자와 임원들을 보면서 중국인 직원들은 마음을 열었다.

그들은 스스로 결단하여 중국인 교회를 찾기 시작했다. 출근해서 "저 지난주부터 교회 다니기 시작했어요"와 같이 말하는 사람이 점차 늘었다.

내가 방문했을 때 회사에서 특강과 음악 모임을 하는 것을 볼 기회가 있었다. 행사가 끝나고 통성 기도를 했는데, 중국인 직원들이 열정적으로 목소리를 높여 기도하는 모습이 몹시 감동적이었다.

"교회 갑시다", "예수 믿으세요"라고 직접 말하지 않지만, 크리스천 경영자로서 삶의 모범을 보이고, 직장 내에 기독교 문화와 정신을 정착시킴으로써 D 기업은 선교하는 기업의 한 전형을 창조하고 있었다.

"이같이 너희 빛이 사람 앞에 비치게 하여 그들로 너희 착한 행실을 보고 하늘에 계신 너희 아버지께 영광을 돌리게 하라"(마태복음 5:16)

이 시대의 우물이 되고자 하다

한 벤처캐피털 회사의 사내 예배에 참석할 기회를 얻은 적이 있다. 이 회사에서는 임원과 직원의 두 그룹으로 나누어, 매주 수요일 12시에 점심시간을 이용해 모인다고 했다.

이 회사는 중견그룹 계열사 중 하나이며, 임직원을 통틀어 서른 명이 안 된다고 했다. 그 모기업은 2001년 소천하신 독실한 기독교인 경영자가 설립했다. 창업자 회장이 소천하신 후에는 세 자녀가 그룹을 분리해서 경영하는데, 그중 한 사람이 그룹의 이름을 이어받아 쓰고 있다.

이 그룹은 기독교 정신과 문화가 강한 기업이다. 창업사와 현새 경영자에 이르기까지 모두 독실한 크리스천이다. 창업자는 생전 가정예배를 통해 6남매를 크리스천 기업가로 양육했다고 술회했었다. 그의

유고 회고록을 보면 반세기가 넘는 기업의 역사 속에 놀라우신 하나
님의 은혜가 깃들었음을 알 수 있다. 그리고 그룹의 명칭을 물려받은
아들 회장도 신앙이 깊다. 크리스천 리더들의 모임에서 회장을 맡기
도 했던 그는 평소 '회사는 하나님의 소유물이며 자신은 하나님의 청
지기로서 회사를 운영한다'는 철학을 피력해왔다.

아는 분을 통해 벤처캐피털 F 기업의 점심시간 미팅에 초청을 받
았다. 간단히 도시락을 같이 먹고 성경 공부를 한다는 말을 들었다.
미리 참석 약속을 하고 시간에 맞추어 사내 예배 장소에 들어섰다.
안내된 자리에 앉아, 준비된 도시락으로 점심을 먹었다. 식사가 끝나
고 인상이 매우 좋아 보이는 한 사람이 앞으로 나와 열정적으로 찬양
을 인도했다. 그 시간은 매우 은혜로웠을 뿐 아니라 인도자의 음악 실
력도 뛰어났다. 전문 찬양 사역자를 초청하여 찬양 순서를 맡긴 것으
로 보였다.

찬양 순서가 끝나고, 성경 공부 시간이 이어졌다. 준비된 유인물
을 받았다. 한 번의 성경 공부 시간을 위한 교재라기에는 분량이 많
았다. 수십 페이지가 되는 두툼한 자료였다. 여기에는 성경 본문을 묵
상하기 위한 핵심적인 질문이 제시되어 있었고, 본문의 배경, 관련 인
물, 사건, 지리 등에 관해 친절한 주석도 붙어 있었다. 열 명 남짓 모이
는 사내 예배를 위해 이렇게까지 준비하는 열심에 절로 존경심이 들
었다.

찬양을 인도하던 그분이 성경 공부 순서도 진행했다. 차분하면서

도 힘 있고 명확한 메시지가 큰 은혜를 끼쳤다. 나는 그분이 찬양 사역자인 줄 알았는데, 그때는 목회자로 보였다. 사내 예배 인도를 위해 말씀도 좋고 찬양도 잘 인도하는 목사님을 모신 것 같았다.

사내 예배가 끝난 후 찬양과 예배를 인도하던 분이 나에게 다가와 반갑게 인사하며 명함을 건넸다. 나는 명함을 보고 깜짝 놀랐다. 전문 찬양 사역자 또는 목사님이라고 내심 짐작했던 그분은 F 기업의 E 대표였다.

그에게서 F 기업의 사내 예배가 시작된 배경에 대해 들었다. 그가 대표로 부임한 후 한동안 회사의 사업 실적이 좋지 않았다고 했다. 벤처캐피털은 리스크가 큰 업종이다. 미래가 보장되지 않는 신생 기업, 벤처기업에 투자하기 때문이다. 그런데 사업성을 잘 살펴 여러 회사에 투자하면 그중에서 큰 성과를 내거나, 미래 가치가 높거나, 상장에 성공하는 기업이 나오기 마련이다. 이렇듯 소수의 성공한 투자를 통해 다수의 투자 실패를 만회하는 구조를 가진 것이 벤처캐피털이다. 그런데 E 대표가 이끄는 F 기업에서는 성공한 기업이 나오지 않았다. 투자 성공률이 낮았던 것이다.

이 상황을 놓고 E 대표는 간절히 기도했다. 그리고 결단을 내렸다.

'지금까지 내 경험과 역량, 전문성을 모두 쏟아부어 열심히 일했다. 하지만 성과가 좋지 않았다. 괜찮은 줄 알았던 내 지혜는 아무것도 아니었다. 이제 하나님의 지혜에 의지해야겠다. 더욱이 우리 회사는 기독교 정신을 바탕으로 창업되었고, 기독교적 기업 문화를 지닌 곳이다. 구성원 다수가 크리스천이다. 믿음으로 경영하는 게 자연스럽고 당연한데, 지금까지 그러지 못했다. 이것은 잘못이다. 지금부터라도 바꾸어야겠다. 나의 방식과 생각을 내려놓고 하나님의 방식을 따라야겠다. 성경이 하라는 대로, 기독교 가치관으로 경영해야겠다. 그런데 나만 변화하는 것으로는 부족하다. 전 직원이 합심해서 예배하고 기도하자.'

E 대표는 자신이 경영하던 방식을 총체적으로 바꾸었으며, 전 직원을 두 그룹으로 나누어 매주 수요일 점심시간을 이용해 사내 예배를 드리기 시작했다. 놀랍게도 하나님의 지혜와 경영을 앙망하며 변화한 후에 회사의 실적이 비약적으로 좋아졌다. 내가 방문했을 무렵에는 국내 창업투자회사 중 실적 1위를 기록하기도 했다.

또한, E 대표는 투자 전문가로서 돈에 대한 철학이 확실했다. "우리는 물질의 주인이 아니라 하나님으로부터 관리를 위탁받은 사람이다. 지금 내가 가지고 있는 돈은 내 것이 아니라 하나님의 것이다. 이 마음가짐으로 돈을 벌고 사용해야 한다"고 역설했다.

E 대표의 거룩한 경영을 향한 결단과 실천에 깊은 은혜를 받고 배움을 얻었다. 그리고 다음 만남을 기대하며 그 자리에서 일어섰다. 그런데 얼마 후에 E 대표가 F 기업을 그만두고 다른 회사로 옮겼다는 소식을 전해 듣게 되었다. 나는 혼란스러웠다. 결단을 통해 믿음과 말씀 중심의 경영을 하고, 그 과정에서 큰 성공을 경험한 후에 다른 곳으로 스카우트되어 옮겼다고 생각하니, 잘 이해가 되지 않았다.

물론 탁월한 실적을 올리고 평판이 좋은 스타 경영자가 규모가 더 크고 보수가 더 많은 곳으로 이동하는 것은 자연스럽다. 하지만 이것은 E 대표가 강조했던 방식과는 다르다. 기독교 정신과 문화가 강한 기업을 떠나, 그것도 자신이 그러한 변화의 주도자가 된 기업을 내버려두고, 좋은 조건을 따라 이동하는 게 바람직한 선택인지 회의가 들었다.

그의 진정성에도 의심이 생겼다. E 대표를 또 한 번 만나서 이야기를 듣고 싶었다. 그래서 내가 전화했더니 반갑게 응답하며 자신의 회사로 방문해달라고 했다. 얼마 후 그가 옮긴 회사로 찾아갔다.

결론부터 말하자면 내가 크게 오해했다. 자세한 내용도 알지 못하면서, 약간의 정보와 편협한 생각을 바탕으로 다른 사람을 판단한 데 대해서 회개했다.

그가 옮긴 회사는 삼성동 도심공항터미널에 사무실이 있는 투자회사 G였다. 이 회사는 '우물'을 지향한다고 했다. 성경에서 우물은 생명의 원천이며, 하나님의 은혜가 임하는 곳이다.

아브라함의 아내 사라에게 쫓겨난 하갈과 그녀의 아들 이스마엘이 광야에서 목이 말라 죽을 지경이 되었을 때, 하나님께서 우물을 보여주셔서 생명을 건질 수 있었다(창세기 21장). 이삭은 블레셋 사람들과 우물을 두고 다투나가 옮겨가고 결국 르호봇, 브엘세바의 우물을 얻는다. 이는 하나님께서 함께하심을 확인하는 사건이었다(창세기 26장). 애굽에서 도망친 모세는 미디안 땅에 이르러 우물 곁에서 미디

안 제사장의 딸들을 도와주고 그 집안과 인연을 맺는다. 결국, 모세는 이드로의 딸 십보라와 결혼했다(출애굽기 2장). 이스라엘 민족의 광야 여정 중 하나님께서 우물을 주시자 이스라엘 민족이 찬송하며 "우물아 솟아나라"라고 노래했다(민수기 21장).

우물에 관한 가장 인상적인 장면은 요한복음 4장에 나온다. 예수님께서 사마리아 수가성의 야곱의 우물 곁에서 물을 길러 온 사마리아 여인과 대화를 나누신다. 이 자리에서 예수님은 자신을 '생수'라 소개하시며, "내가 주는 물을 마시는 자는 영원히 목마르지 아니하리라"라는 복음의 핵심 메시지를 선포하신다.

크리스천이 누군가의 우물이 되겠다고 마음먹었다면, 이것은 아름다운 비전이다. 투자회사 G 기업은 성경 속에 등장하는 우물을 지향하는 회사다. 크리스천 청년 사업가들이 기독교 정신에 바탕을 둔 경영을 할 수 있도록 자본을 투자할 뿐 아니라 교육과 커뮤니티를 지원하는 일을 중심에 두었다.

이 회사는 성경적 가치관에 기반하여 사회에 긍정적인 영향을 주려 한다. 크리스천 기업에 자본뿐만 아니라 경영 노하우와 네트워크를 제공하며 올바른 성장을 지원한다. '우물'이라는 회사 이름에 부끄럽지 않게, 자원을 나누고 주변을 이롭게 하는 섬김의 경영을 지향한다. 기독교 정신을 경영에 적용함으로써 이익에 초점을 맞추지 않고 이웃에게 이익을 나누는 섬김의 자본을 추구한다.

경영해본 사람은 모두 알듯이 '자본'은 기업의 '혈액'이며 '생명수'이다. 자본에 갈증을 느끼는 건강한 크리스천 기업에 투자하고 지원하여 성장을 이루고자 하는 이 회사는 단순한 자본 투자에 그치지 않고 전문성, 인력, 네트워크 등 기업 성장에 필요한 핵심 가치를 함께 제공한다. 이를 위해 별도의 교육 프로그램을 운영하고 있다.

아브라함의 아들이며 야곱의 아버지인 이삭은 여러 개의 우물을 파야만 했다. 그런데 이 우물을 놓고 분쟁이 벌어지면, 그는 다른 곳으로 가 또 다른 우물을 팠다. 다툼을 피하고 화평을 지키기 위해 우물을 양보했던 것이다. 이를 통해 주변 사람들에게 유익을 끼치며 하나님의 영광을 드러냈다. G 기업의 사업 지향점을 들으며 이삭이 우물을 양보한 정신이 느껴졌다.

E 대표는 G 기업의 선한 목표와 지향에 공감하여 자리를 옮겼고, 공동대표 중 한 사람으로 일하고 있다. 그에게 자리를 옮기면서 급여 조건이 달라졌는지 물었다. E 대표는 F 기업 재직 중 좋은 성과를 올렸기에 성과급이나 스톡옵션 같은 인센티브가 예정되어 있었다고 했다. 그러나 중도 퇴직으로 인해 이것을 포기했다고 한다. 급여는 F 기업 시절보다 매우 낮다고 덤덤히 말했다.

그 정도면 너무 심하지 않냐는 나의 질문에 그는 이렇게 말했다.

"크리스천이 진로를 결정하거나 앞길을 선택할 때는 돈 문제를 빼놓고 생각해야 한다고 봅니다. 가치를 기준으로 판단해야지, 월급을 중요한 요인으로 놓고 여기에 좌우되는 것은 하나님 앞에서 올바르지 않습니다. 저는 이 회사가 신앙적으로, 사회적으로 가치와 의미가 있다고 생각해서 선택했습니다. 그러려면 돈을 포기할 수 있어야죠."

G 기업의 경영자와 직원들을 만나면서 그리스도인으로서 자랑스러움에 가슴이 벅차올랐다. 그들 모두가 자랑스러웠다.

E 대표와 G 기업이 선과 진리에 목마른 이 시대에, 영혼의 우물이 되어 마르지 않고 샘솟기를 바란다.

"이삭이 거기서 옮겨 다른 우물을 팠더니 그들이 다투지 아니하였으므로 그 이름을 르호봇이라 하여 이르되 이제는 여호와께서 우리를 위하여 넓게 하셨으니 이 땅에서 우리가 번성하리로다 하였더라"(창세기 26:22)

고아와 과부를 돌보는 기업

2003년, I 기업 창업자 H 사장은 깊은 고민에 빠졌다. 그런데 이 고민은 큰 축복으로 비롯된 것이기에 매우 아이러니했다. 얼마 전 그가 이끄는 I 기업이 코스닥에 상장되었다. 그러자 그는 구체적인 숫자를 통해서 자신의 처지가 극적으로 바뀐 것을 확인하게 되었다. 자신이 가진 회사 주식에 현재 주가를 곱하면, 재산이 얼마인지 바로 계산되었다. 평범한 엔지니어 출신 중소기업 사장이 많은 이의 부러움을 살 만한 부자가 된 것이다. 그는 하나님께서 자신을 부자로 만들어주신 뜻이 분명히 있을 것인데, 그것을 알 수 없어 답답함이 생겼다.

예수를 잘 믿던 사람이 큰 부자가 된 후 신앙생활이 후퇴하는 일이 간혹 있다. 다행히 H 사장은 그 반대 케이스였다. 그는 창업 후 신기술을 개발하고 좋은 제품을 만드는 데 모든 것을 쏟았었다. 신앙생활을 한다지만, '선데이 크리스천' 수준에 머물렀다. 그런데 회사가 코스닥시장에 공개된 이후, 자신을 지금까지 이끄신 하나님의 큰 은혜를 절감했다. 그는 하나님께서 자신을 부자로 만드신 뜻이 분명히 있다고 믿었다. 하지만 하나님께서 그것을 명확하게 알려주시지 않아서 벽에 부닥친 느낌이었다.

H 사장은 서울대학교 금속공학과를 졸업하고 같은 대학에서 금속공학 석사와 박사 학위를 받았다. 박사 학위논문을 쓰던 시절, 반도체 신소재 하나를 개발했는데, 이것은 도체이면서도 절연성이 뛰어나 IT 산업에 폭넓게 활용될 가능성이 컸다. 하지만 양산하기 어렵다는 결정적 문제가 있었다. 아무리 유용한 소재라도 생산 단가가 높으면 쓰일 데가 없었다.

박사 학위를 받은 후 그는 형님이 운영하는 중소기업에서 기술연구소장으로 근무했다. 그 무렵에는 과거 한국과 러시아의 교류 협력이 늘어났을 당시에 정부가 러시아에 제공한 차관을 현물로 상환받는 일이 있었다. 러시아로부터의 기술 이전도 차관 상환의 한 형태였다. 그런데 러시아에서 이전된 기술 중에는 H 사장이 관심을 두었던 신소재 양산을 위한 기술이 포함되어 있었다. H 사장은 러시아로 달려가 현황을 확인했다. 그리고 기술을 이전받아 국내에서 그 소재의 부품을 생산하는 기업 I를 설립했다. 그때가 1994년이다.

본래 기술과 이전받은 기술을 결합하고 새로운 기술을 연구개발하여 독보적인 소재 부품을 생산해 삼성전자 등 대기업에 납품했다.

수출도 늘었고 매출액도 상승했다. 그러면서 기업 가치를 인정받아 코스닥에 상장할 수 있게 된 것이다.

현재 I 기업은 스마트폰 등의 IT 기기에 쓰이는 칩 바리스터(정전기 방지용 부품)와 감전 방지 소자 분야 세계 1위 기업이다. 특히 금속 스마트폰을 충전할 때 감전을 막는 감전 방지 소자는 전 세계에서 이 회사가 가장 먼저 개발했다.

코스닥 상장으로 공식적 부자 반열에 오른 H 사장은 '내가 부자가 된 것은 우연이 아니라 하나님의 뜻일 터인데, 그 뜻을 알면 곧바로 실행에 옮기겠다'고 생각했으며 그럴 만한 준비가 되어 있었다. 예를 들어 "이런 사역을 지원하라"라는 음성이 들리면 두말없이 하겠다고 생각했다. 신앙의 선배들로부터 하나님의 음성을 듣거나 그 뜻을 발견했다는 간증을 여러 번 접했기에 자신에게도 그런 일이 생기리라 기대했다. 기도하는 중에 가슴 깊은 곳에서 뜨거운 의지가 올라온다거나, 교회 설교 시간에 "이런 일에 지원하고 헌신할 분을 찾는다"라는 이야기를 듣고 이것이 자신의 사명임을 깨닫거나 하는 계기가 찾아올 것이라 예상했다.

하지만 하나님께서는 침묵하셨다. 기도하면 응답받는다고 했는데…. 열심히 기도하고, 또 하나님이 시키시기만 하면 곧바로 실천할 준비도 하고 있는데, 왜 아무런 말씀이 없으신지 알 수 없었다. 그는 개학 날을 코앞에 두고 방학 숙제를 하지 못한 아이처럼 초조했다. 아니, 숙제가 분명히 있는데 그것이 무엇인지조차 알 수 없었다.

무엇이 잘못되었는지를 알아야 했던 H 사장은 성경에서 해답을 찾기로 했다. 그러다가 한 가지 중요한 사실을 발견했다. 하나님께서는 교만한 사람을 싫어하시고 겸손한 사람을 좋아하신다는 것이다. 겸손한 사람의 목소리를 잘 들으시고 그에게 응답해주신다는 말씀 앞에서 그는 자신을 돌아보았다.

더 낮아져야 하고 회개해야 한다는 깨달음이 생겼다. 그는 엎드려 회개하기로 작정했다. 겸손하게 모든 죄를 자복함으로써 하나님께 다가가고 싶었다. 그는 교회의 새벽기도에 나가서 기도하기 시작했다. 그런데 죄를 고백하며 용서를 구하는 사람이 편안한 의자에 앉아 기도하는 건 바람직하지 않다는 생각이 들어 의자 사이의 복도에 무릎 꿇고 앉아 기도했다. 그러자 뒤통수가 뜨거워졌다. 다른 성도들이 자신을 주목해 보는 것 같고, 자신이 유난을 떠는 것같이 느껴졌다. 집중력이 떨어지고 기도가 잘되지 않았다.

그는 골방에서 기도하라는 말씀을 떠올리고 새벽기도의 자리를 집으로 옮겼다. 처음에는 거실 구석을 기도하는 곳으로 정했는데, 아침 일찍 가족들이 드나들며 H 사장을 의식했다. 그리고 가족들의 불편이 느껴졌다.

하는 수 없이 장소를 바꾸어야 했다. 집의 골방이 어딜까를 생각하다가, 안방에 붙어 있는 욕실을 떠올렸다. 그곳은 가족들이 잘 드나들지 않으니 골방처럼 조용히 기도할 수 있겠다고 생각했다. 그렇게 화장실에서의 기도가 시작되었다. 그는 성경 속 믿음의 인물들이 기도할 때 머리를 바닥에 대고 기도한 것을 본받으려 했다. 예수님도 겟세마네 동산에서 기도하실 때 머리를 땅바닥에 대시고 기도하셨다(마태복음 26:39)고 한다.

그는 화장실 타일 바닥에 이마를 대고 간절히 기도했다. 5분, 10분이 아니라 2시간 넘게 간절하게 매달렸다. 그렇게 첫날이 가고 둘째 날, 셋째 날이 지나고 일주일이 흘러도 하나님은 여전히 침묵하셨다. 특별 새벽기도 기간으로 자주 정하는 40일이 지나도 하나님의 음성은 들리지 않았다. 화장실 타일 바닥에 머리를 대고 애타게 부르짖은 지 1년이 지나서야 그는 응답을 얻었다. 세상 모든 것이 변하지만 그 속에서도 변하지 않는 것이 있는데, 이것을 가지고 경영해야 한다는 진리에 눈떴다. "그런즉 믿음, 소망, 사랑, 이 세 가지는 항상 있을 것인데"(고린도전서 13:13)라는 말씀에 따라, 영원한 것을 기반으로 회사를 경영하자고 결단했다. 믿음·소망·사랑의 기업 경영을 지향하게 된 것이다. 하나님이 기뻐하시는 일을 하기로 작정한 것이다.

그는 회사의 경영 이념과 철학을 바꾸었다. 심지어 로고도 새로 만들었다. 애타게 고대하던 응답을 얻었지만, 기도는 멈추지 않았다. 나는 H 사장을 2019년에 만나서 대화했는데, 2003년에 시작한 새벽기도를 그때까지 단 한 번도 빠뜨린 적이 없다고 했다.

그는 I 기업이 예배를 잘 드리는 회사가 되어야 한다고 생각했다. 주일에 교회에서 드리는 예배로 그칠 것이 아니라, 삶의 현장에서 예배를 일상화하는 게 바람직하다고 보았다. 회사 내 믿는 사람들이 신우회를 중심으로 매주 한 번 함께 모여 예배를 드리기로 했다. 그런데 I 기업의 사무실, 공장, 계열사 등은 각지에 흩어져 있다. 서울, 인천, 수원, 김포, 평택, 천안 등에 산재해 있다. 모두 모이기가 쉽지 않았다. H 사장은 이것을 5개 권역으로 나누고 권역별로 각각 예배드리는 요일을 정했다. 예를 들어 월요일은 서울, 화요일은 천안, 수요일은 평택과 같은 식이다. 사장 본인은 모든 권역의 예배에 참석하여 인도했다. 그는 회사의 경영자로서 매일 직장 예배를 드리게 되어 다행이라고 했다.

예배 시간은 오후 2시이다. 두 시간쯤 걸린다. 직장 신우회 예배는 점심시간이나 퇴근 후에 1시간 정도 드리는 것이 일반적이다. 그런데 I 기업에서는 일과 시간을 할애해서 예배할 뿐만 아니라, 그 시간도 길다.

예배 중 설교 시간이 1시간 30분쯤 되는데, H 사장이 이 순서를 맡는다. 나는 신우회 예배에서 사장이 1시간 30분이나 설교하면, 직원들이 부담스럽게 받아들일 수 있다는 생각이 들었다. 그래서 직원들에게 이것이 힘들거나 잔소리처럼 느껴지지 않느냐고 물어본 적이 있다. 직원들의 반응은 뜻밖이었다. 설교가 충실해서 더 은혜롭다고 답했다. 교회 예배에서 30분 설교로는 자세한 배경 설명을 들을 수 없는데, 신우회 예배에서 사장님의 긴 설교를 통해 본문을 둘러싼 상세한 설명을 들을 수 있어서 좋다고 했다. 예를 들어 본문에 등장하는 사람이나 지명, 그 당시의 역사적 상황 등에 대해 들을 수 있는데,

이것이 성경 이해의 폭을 넓혀주니 훨씬 은혜롭다는 것이다.

I 기업의 신우회 예배는 결코 형식적이지 않다. 예배를 위한 헌신과 진정성이 느껴진다. 숨 가쁜 비즈니스 현장에서 돈을 벌어들일 수 있는 업무 시간 한복판을 과감히 투자하여 예배하는 것은 쉬운 결정이 아니다. 1시간 30분의 설교를 위해 사장이 바쳐야 하는 시간과 헌신도 결코 적지 않다.

I 기업의 사업장들은 특징이 있다. 대략의 위치만 알면 I 기업의 공장이나 계열사를 쉽게 찾을 수 있다. 비슷비슷한 모양의 공장들이 밀집한 공단에서도 I 기업 공장은 확연히 눈에 띈다. 건물에 큰 십자가가 있기 때문이다.

한 중소도시에서 공장을 다 지었을 때는 준공 검사 때 애를 먹었다고 한다. 검사하는 공무원이 "공장으로 허가받았는데, 큰 십자가가 있는 종교시설을 지었으니 불법이다"라고 말하며 준공 승인을 내주지 않으려 했다. 하지만 도면과 실제 시설을 보여주면서 오해를 풀었다고 한다.

H 사장은 사업장 건물들의 큰 십자가를 통해 이 회사가 크리스천이 기독교 정신으로 경영하는 기업임을 당당히 선포하고자 한다.

크리스천 경영자나 직장인 중에는 자신이 크리스천임을 숨기는 이들이 더러 있다. 행동이 부자연스러워지기 때문에 숨기는 경우가 많다. 또 어떤 이들은 자신이 잘못이나 실수를 하면, 하나님의 영광을 가릴 수 있기에 숨긴다고 말한다.

H 사장은 이들과 정반대로 생각했다. 믿는 경영자가 믿음으로 운영하는 기업이라는 것을 공개적으로 드러낼 때, 더 그리스도인답게 일하고 경영하도록 통제된다고 생각했다. 크리스천다운 언행을 하도록 유도하는 효과가 크다는 것이다.

H 사장은 회사의 이익을 가난하고 약한 사람과 나누고자 한다. 이 일에 큰 사명감을 느낀다. "하나님 아버지 앞에서 정결하고 더러움이 없는 경건은 곧 고아와 과부를 그 환난중에 돌보고 또 자기를 지켜 세속에 물들지 아니하는 그것이니라"(야고보서 1:27)라는 말씀을 따르고자 한다. 내가 방문했을 당시에는 탈북 청소년 단체를 포함해 7개 기관을 결연해서 후원하고 있다고 했다.

특히 인상적인 후원은 보육원의 아이들을 도와서 그들이 독립할 기반을 갖추도록 하는 것이었다. 보육원에서 자란 이들은 성인이 되면 독립하여 그곳을 떠나야 한다. 그런데 이들은 독립할 기반이 매우 약하다. 정부에서 지원금이 나오긴 하지만 홀로서기에는 부족하다.

H 사장은 이런 상황을 안타깝게 여겼고 정부가 운영하는 매칭펀드에 주목했다. 이것은 보육원에 있는 청소년이 저축 계좌를 만들어 저축하면 그 액수만큼을 정부가 지원하는 형태이다. 이렇게 적립된 금액은 나중에 자립할 때 기반이 된다. 이 제도는 취지는 좋지만 효과는 크지 않다. 보육원에 있는 청소년들에게 저축할 여유가 부족하기 때문이다.

H 사장은 보육원에 있는 청소년이 적은 금액이라도 저축을 시작

하면 그 2배의 금액을 매칭해서 적립해주는 방식의 후원을 기획했다. 해당 청소년들을 면담할 때 일일이 설득하여 이 방식의 후원을 늘리고 있다. 그래서 당사자와 I 기업이 함께 저축하고 정부의 매칭 지원을 받아 독립의 기반을 닦는 청년들이 늘어나도록 노력하고 있다.

매월 상당한 금액이 이 후원에 지출된다. 그리고 후원액 규모가 계속 늘고 있다. 나는 H 사장에게 이 후원 활동에 매월 들어가는 금액의 상한선을 정해놓았는지에 대해 질문한 적이 있다. 그러자 그는 이렇게 대답했다.

"이것은 하나님께서 명령하신 일입니다. 이 일을 위해 제가 사업하는 것이고요. 대한민국 보육원이 몇 곳이 될지, 그곳의 아이들이 몇 명이 될지, 우리가 약정하고 매월 내야야 할 후원금액이 얼마나 늘어날지 알 수 없습니다. 그렇다고 해서 '나는 이만큼만 하겠습니다'라고 상한선을 정할 수는 없습니다. 하나님이 기뻐하시는 일이 아닙니까. 다른 사람이 걱정하듯이 혹시 저에게 큰 부담이 될지도 모르겠습니다. 하지만 이 일을 당연히 해야 합니다. 안 되면 집을 팔아서라도 감당해야죠. 이 일을 위해 제가 있고 회사가 존재한다고 봅니다."

나는 기업가들의 후원 활동을 제법 많이 보았다. 그 상당수는 명문 대학이나 병원 건축 등을 위한 일회성 후원이다. 해당 건물에 이름이 박히고 언론의 주목을 받는다. 물론 이런 형태의 후원도 의미와 가치가 크다. 그런데 H 사장은 드러냄 없이 상당한 금액을 지속해서 후원하고 있으며, 그 규모가 커져도 상한선을 고려하지 않고 있다. 이것이 내게 큰 감동을 주었다.

I 기업에는 음악적으로 꽤 수준 높은 합창단이 있다. 정기적으로 공연도 하고, 결연 및 후원하는 기관들을 위해 문화 행사도 연다. H 사장이 음악, 특히 찬양의 힘을 잘 알기 때문이다. 그는 음악을 전공한 젊은이들이 취업할 분야가 제한되어 어려움을 겪는다는 이야기를 듣고, 이들이 은사를 제대로 펼치지 못하는 것이 안타까웠다. 그래서 그는 회사의 일반 사무직 채용에서 음악 전공자들을 우대했다. 그리하여 회사에는 음악을 전문적으로 공부한 이들이 많이 근무하게 되었고, 이들을 중심으로 수준 높은 사내 임직원 합창단을 조직할 수 있었다.

회사 창립기념일에는 후원을 받는 기관들까지 함께 모여 정기 찬양 공연을 한다. 모두 한목소리로 하나님을 찬양한다. 창립기념일에 회사를 세워주시고 이끌어주신 하나님께 감사하며 영광을 돌리는 모습은 기독교 정신이 살아 숨 쉬는 기업의 아름다움을 보여준다.

I 기업은 경영을 매우 잘하는 우량기업이며 기술력이 독보적이고 수출 실적도 뛰어나다. 규모와 매출이 지속적으로 성장 중이며 이익률도 높은 편이다. 이억불 수출의 탑(한국무역협회), 특허경영대상(미래창조과학부), FCA 크라이슬러 품질우수상, 국무총리상, 과학기술정보통신부 장관상, 장영실상 등을 받았으며, 산업통상자원부의 세계일류상품에 선정되었다.

H 사장의 열정이 뜻밖의 고난에 부닥친 때도 있다. 그는 직원들

에게 복음을 전하는 것을 사명으로 생각한다. 기회 있을 때마다 말씀을 전하고자 한다. 그렇다고 해서 믿지 않는 직원을 차별하거나 신우회 회원들을 특별히 우대하는 일은 없다. 신입사원 채용 면접을 볼때, 그는 그 자리가 전도 기회가 될 수 있음을 귀하게 여긴다. 그래서 공식적 면접 절차를 끝낸 후에 "이제 고용권자와 피고용 희망자의 관계를 떠나 서로 평등하고 자유로운 관계에서 말씀드릴 것이 있습니다. 들어보시겠습니까?"라고 말한 후 복음을 전한다. 그런데도 이런 그의 열심을 곡해하고 비난하는 사람이 있었다. 종교를 강압한다는 것이다. 하지만 엄정한 조사 끝에 혐의가 없다는 것이 밝혀졌다.

좀 더 지혜롭고 세련되게, 종교적 색채를 숨기고 활동하라고 권하는 사람들도 있다. 하지만 나는 H 사장에게 이런 권유를 하고 싶지 않다. 건물에 큰 십자가를 세웠듯이, 믿음과 소망과 사랑을 열정적으로 드러내며 고아와 과부를 섬기는 기업, 찬양이 울려 퍼지는 기업, 선교하는 기업의 사명을 더욱더 잘 감당하기를 바란다. 하나님이 기뻐하시는 일을 하는 회사로서 영속하기를 기도한다.

'I 기업'의 이름은 이 회사가 생산하는 소재에서 비롯되었다고 한다. 그런데 나는 이 회사의 이름에서 선지자 한 사람을 떠올린다. I 기업이 비즈니스 세계의 선지자로 역할을 감당하기를 바란다.

주는 것이 받는 것보다 복이 있다

앞서 1장에서 아둘람공동체를 만들고 이끌어간 이야기를 했었다. 열심은 있지만, 자본과 지식, 기술 등 기반이 부족한 크리스천 청년 기업가들이 모여서 경영을 공부하고 서로 도우며 자신의 기업을 선하게 운영하고자 한 모임이다. 이 아둘람공동체 1기 총무를 맡았던 청년 J는 열정적인 사람이었다. 그는 한 중소기업의 창업자이며 대표이다. 이 회사는 현재 건축 환경 관련 분석과 시뮬레이션을 주된 사업으로 삼고 있다.

그는 힘겨운 성장기를 거쳤다. 재혼 가정에서 태어나 자라며 심리적 억압감과 열등감에 휩싸여 지냈다. 그 때문인지 대학 1학년 때까지 말을 심하게 더듬고, 밤마다 가위에 눌렸다고 한다. 대학 1학년 때 예수님을 인격적으로 만나고 그의 삶은 총체적으로 변했다. 그를 짓

누르던 고통에서 해방되어 평강 속에서 주님을 따르며 살았다. 더는 가위에 눌리지도, 말을 더듬지도 않게 되었다.

이후 그는 주 안에서 열심히 살았다. 결혼하고 가정을 꾸렸으며 자녀를 낳아서 양육했다. 회사를 일구어 사업도 열심히 했다. 그러던 중 갑작스러운 위기가 닥쳤다. 감기인 줄 알고 병원을 찾았던 아들이 다음 날 중환자실로 옮겨가고 70일간 코마 상태로 삶과 죽음의 경계를 오갔다. 그는 간절히 기도했다. 그뿐만 아니라 주변의 많은 사람이 그의 아픈 아들을 위해 기도했다. 아들은 기적적으로 회복되었다. 완전히 나은 것은 아니지만 생명이 위중한 단계는 벗어났다.

아들이 퇴원할 무렵, J 대표는 또 다른 고민에 부닥쳤다. 치료비 문제였다. 사업을 한다고는 하지만 경제적 형편이 넉넉하지 않았기에, 대학병원의 첨단 장비와 치료법이 총동원되었던 아들의 치료비를 감당하는 것은 버거운 일이었다. 그런데 그에게 큰 은혜가 임했다. 국민건강보험 '비급여'였던 치료 중 상당수가 '급여' 항목으로 바뀌어 J 대표가 실제로 부담해야 할 치료비는 예상보다 훨씬 작았고, 그가 가지고 있던 돈으로 해결할 수 있었다.

그는 아들의 갑작스러운 질병에는 하나님의 뜻이 있다고 믿었다. 그는 아들이 사경을 헤매던 당시, 아들의 회복과 함께 이 고난 속에서 하나님의 뜻을 알게 되기를 간절히 기도했다. 그는 성경에서 답을 찾았다.

"삼가 누가 누구에게든지 악으로 악을 갚지 말게 하고 서로 대하든지 모든 사람을 대하든지 항상 선을 따르라 항상 기뻐하라 쉬지 말고 기도하라 범사에 감사하라 이것이 그리스도 예수 안에서 너희를 향하신 하나님의 뜻이니라"(데살로니가전서 5:15-18)

선한 마음으로 늘 기뻐하고 기도하고 감사하며 사는 것이 모든 상황을 관통하는 하나님의 뜻이라는 말씀 앞에서 그는 자신을 돌아보았다. 그리고 자신의 부족함을 깨달았다. 두 아들의 억울하고 갑작스러운 죽음 앞에서 10가지의 감사 제목을 놓고 기도했던 손양원 목사님처럼 자신도 아들을 잃더라고 감사하고 기뻐하며 기도할 수 있을지를 스스로 물었고, 그런 신앙의 경지로 나아가기를 간구했다.

하나님께서는 J 대표의 아들을 회복시키시고 치료비를 마련해주셨을 뿐 아니라 더 견고한 믿음을 주셨다. 그리고 그때까지 자신이 깨닫지 못했던 새로운 사역의 길로 안내하셨다.

아들이 퇴원한 후에 J 대표는 네팔로 트레킹을 갔다. 그곳에서 선교사님을 만났는데, 그곳 아이들을 위해 학교가 필요하다는 이야기를 들었다. 하지만 근근이 사업체를 꾸려가는, 더욱이 아픈 아들을 돌봐야 하는 그가 감당할 수 있는 일은 아니었다.

그는 마음이 무거웠다. 기도하면서 하나님께서 J 대표의 아들을 살려주셨을 뿐만 아니라 치료비 부담까지 가볍게 해주셨던 일을 상기했다. 그리고 '하나님께서는 네팔의 아이들을 내 아들만큼 사랑하신다'는 데 마음이 닿았다. 또한, 대학병원의 수많은 의료진이 애썼던 것과 자신의 소식을 접하고 한 번도 만난 적 없는 사람까지 포함해 수많은 사람이 마음을 합하여 기도해주었던 것을 떠올렸다.

'나 혼자 할 수 없다면, 그때처럼 여럿이 힘을 합하여 할 수 있다.' 그는 마음을 새롭게 했다. 대학 1학년 때까지 말을 더듬었던 그는 타고난 성격상 남들 앞에 나서고 후원을 부탁하는 게 좀처럼 쉽지 않았다. 그렇지만 쑥스러움을 무릅쓰고 소셜네트워크에 글을 올리고 모금에 나섰다.

감사하게도 153일 만에 목표한 금액이 모였고, 네팔에 학교 건축을 할 수 있었다. J 대표는 여기서 그치지 않았다. 하나님이 아끼시는 소중한 아이들이 가난한 곳에서 태어났다는 이유로 제대로 교육을 받지 못하는 상황을 바꾸기 위해 헌신해야겠다는 결단이 생겼다.

사실 J 대표는 이 일에 앞장설 여건이 아니었다. 목숨을 잃지 않고 퇴원할 수는 있었지만, 그의 아들은 여전히 건강이 나빴고 치료를 계속해야 했다. 사업을 하면서 아픈 아들을 돌보는 것만으로도 벅찼다. 그래도 그는 하나님이 시키신 일은 꼭 해야 하며, 또한 할 수 있다고 믿었다. 더 나아가 아들에게 병을 주신 것에도, 이만큼 낫게 하신 데에도 하나님의 뜻이 있다고 확신했다.

그가 경영하는 기업이 매년 수십억 원, 수백억 원의 이익을 낸다면 이를 기반으로 이 사역을 비교적 수월하게 할 수 있을 것이다. 하지만 기업가로서의 그는 그만한 역량이 없었다. 따라서 여러 사람의 힘을 모으는 것이 유일한 방법이었다. J 대표는 NGO를 조직했다. 이 단체를 통해 모금하고 저개발국을 중심으로 세계 각지에 학교를 건축하는 사역을 펼치고자 했다.

J 대표는 NGO 모금에서 고질적인 난관으로 작용하는 문제를 하나 발견했다. 단체가 커지면, 주된 목적 사업 외에 단체 운영비로 모금액이 사용되는 것 때문에 후원을 꺼리는 이들이 꽤 많다는 점이다. 예를 들어 단체의 사무실 운영비, 상근자의 급여, 임원 활동비 등에 NGO 예산이 쓰이는 것이 후원금 모금에 좋지 못한 영향을 끼친다. J 대표는 과감히 결단했다. 설립 때부터 이 NGO는 운영비를 전혀 쓰지 않고 모금액 전액을 학교를 짓는 목적 활동에 쓴다. 그 외 모든 것은 헌신하는 분들이 자비량으로 섬긴다. NGO로서는 쉽지 않은 선택이다. 그렇지만 이 결정으로 인해 이 단체는 더 큰 신뢰를 받으며 활동의 폭을 넓혀가고 있다.

J 대표가 주도하여 설립한 K 단체는 2045년까지 전 세계 100개의 학교를 짓겠다는 목표를 내걸었었다. 그러나 몇 년 후 이 목표를 수정해야 했다. 2021년 조기에 그 목표를 달성했기 때문이다. 지금은 "2050년까지 1만 개 학교 건립"으로 목표를 크게 조정하여 달려가고 있다.

학교를 짓는 것 외에도 교육의 내실화를 위해서도 힘을 쓰고 있다. 교과서의 품질을 높이고 내용을 표준화하는 작업과 그 학교에서 교육할 교사를 양성하고 훈련하는 데에도 열심이다. 청지기는 맡겨진 기간만 주인에게 충성스럽게 일한다는 생각에서 J 대표는 K 단체 대표에서 조용히 물러났다.

J 대표는 현재 K 단체의 이사장이지만, 활동비 한 푼 없이 섬긴다. 이 단체의 다른 돕는 이와 마찬가지로 자비량 활동가의 한 사람이며, 후원자의 한 사람으로서 묵묵히 돕고 섬긴다. 이름 없이 빛도 없이 헌신할 뿐이다. 자신의 기업을 잘 경영하여 이익을 내고 이로써 전 세계 학교 설립에 힘을 보태는 한 사람의 크리스천 경영자로서 역할도 잘 감당하려고 노력하고 있다.

내가 J 대표를 처음 만났을 때는 그가 이끄는 회사의 경영 여건이 썩 좋지 않았다. 그러나 이후에는 이 바쁜 사역을 병행하면서도 자기 사업을 잘해나갔다. K 단체 사역은 J 대표가 기업 경영을 더 잘하도록 이끄는 역할도 하는 셈이다.

그는 "하나님께서 도우시면 못 할 일이 없다"고 말한다. 그의 아들은 퇴원 후에도 건강이 계속 나빠서 10년이나 신장투석을 했다. 이런 상태의 환자가 멀리 여행할 수 없다는 것을 알면서도, 그는 아들이 멀리 여행할 수 있기를 기도했다. 그리고 아들을 포함한 그의 가족은 아들이 평소 바라던 곳인 미국 캘리포니아 디즈니랜드를 무사히 다녀올 수 있었다. 이후에 J 대표는 아들이 멀리 미국에 유학할 수 있기를 기도했다. 아들은 그 어머니의 공여로 신장을 이식받아 건강을 회복하고, 미국 대학으로 유학할 수 있었다. 이렇듯 J 대표는 어려운 것을 바라고 이를 위해 기도하는 사람이다.

J 대표는 기도하며 꿈꾼다. 자신과 후원자들의 섬김과 헌신으로 지어진 세계 곳곳의 학교에서 복음과 기독교 정신이 녹아 있는 아름다운 교육이 이루어지는 것을. 그곳에서 교육받은 학생들이 그리스도를 영접하고 그 사랑을 배우며 자라는 것을. 그리고 그 학생들이 인격자로, 전문가로, 지도자로 성장하여 가난하고 낙후된 그 지역을 바꾸는 것을. 영적인 불모지를 하나님의 사랑이 넘치는 땅으로 변화시키는 것을.

그는 이 귀중한 사역에 자신이 쓰임 받는 것을 기쁘고 감사하게 여기며 늘 기도한다. J 대표의 자녀를 사랑하시는 하나님께서 전 세계 곳곳의 가난한 아이들을 사랑하신다는 당연한 진리를 가슴에 품고 그 사랑의 매개체이자 통로가 되기 위해 열정을 다하고 있다. 그리고 오늘도 지극히 작은 자 한 사람을 섬기고자 애쓴다.

가난한 나라의 어린아이들을 하나님의 사랑으로 돕기 위해 설립된 이 NGO를 축복한다. 이 단체를 통해 건축된 학교에서 배운 이들이 하나님의 사랑으로 양육되어 장차 그 나라의 훌륭한 지도자가 될 것임을 믿고 기도한다.

"임금이 대답하여 이르시되 내가 진실로 너희에게 이르노니 너희가 여기 내 형제 중에 지극히 작은 자 하나에게 한 것이 곧 내게 한 것이니라 하시고"(마태복음 25:40)

"범사에 여러분에게 모본을 보여준 바와 같이 수고하여 약한 사람들을 돕고 또 주 예수께서 친히 말씀하신 바 주는 것이 받는 것보다 복이 있다 하심을 기억하여야 할지니라"(사도행전 20:35)

사랑으로 경영하라

"정말 그 회사로 가실 건가요? 다른 좋은 회사도 많은데요."

L 사장의 결정에 대해 주변의 반대가 심했다. L 사장은 국내 유명 재벌기업에 엔지니어로 입사한 후 탁월한 성과를 내며 승승장구해왔다. 최연소로 도쿄지사장 자리에 오르는 등 동료들보다 빠른 속도로 승진을 거듭했다. 그리고 이 기업의 유럽 현지법인 사장을 지낸 후 은퇴와 이직을 결심했다.

비교적 젊은 나이에 임원 반열에 오른 그는 계속 대기업에 남아 승진 경쟁을 펼치는 것보다, 그의 역량을 의미 있게 발휘할 수 있는 곳에서 제2라운드의 새로운 시작을 하고 싶다는 간절한 바람이 있었다. 그는 그 바람의 마음을 실천에 옮겼다.

그 무렵 그에게 CEO 자리를 제안한 기업이 한 곳 있었다. 스위스에 본사를 둔 한 그룹의 한국법인인 M기업에서 새로운 CEO로서 그를 영입하기를 원했다. 하지만 그의 주변 사람들은 그가 M 기업으로 가는 것을 반대하는 분위기였다. 회사 규모가 작았고, 적자에 시달리는 등 경영 여건이 나빴기 때문이다.

하지만 L 사장의 생각은 달랐다. 그는 '어떤 회사로 갈지는 내가 아니라, 하나님께서 이끌어주신다'고 보았다. 누가 보더라도 번듯하고 멋진 회사로 가면 좋겠지만, 하나님께서 그 길을 열어주시지 않으면 아무리 가고 싶어도 갈 수 없다. 하지만 그리 좋아 보이지 않는 회사라도 하나님께서 이끄신다면 내키지 않아도 그곳으로 갈 수밖에 없다고 생각한 것이다.

그리고 그에게는 또 다른 관점이 있었다.

'현재 실적이 좋은 회사로 가면, 내가 부임하여 더 성장시키더라도 그것을 당연한 결과로 여길 것이다. 하지만 지금 실적이 나쁜 회사에 가서 변화를 이루어낸다면 훌륭한 경영에 따른 성과로 평가받을 것이다. 그때 이 회사를 성장시켜 주신 하나님께 영광을 돌릴 수 있다.'

L 사장은 하나님을 따르는 크리스천 경영자가 사업을 잘하여 기업을 변화시키고 성장시키는 모습을 보여줌으로써, 하나님께서 기업 경영 가운데 역사하신다는 사실을 증명하는 증인이 되고 싶어 한 것이다.

M 기업은 특정 원료 한 품목만 생산·판매하는 회사다. 이 제품은 주로 제지 회사와 페인트 회사가 제품 생산의 원료로 사용한다.

그는 취임사에서 직원들에게 "세계 최고의 회사를 만들겠다"는 비전을 발표했다. 하지만 직원들은 이 말을 신뢰하지 않았다. 그 무렵 회사 상황이 나빠서 이직을 고민하는 사람이 많았다. 그런데 대기업 출신의 사장이 새로 온다는 소식에 내심 기대를 하고 있었다. 하지만 새로 온 사장이 하는 말을 들으니 그가 현실감각이 떨어지는 인물로 보여 한층 더 절망했다고 한다.

L 사장은 사업 분석을 시작했고 회사가 안고 있는 근본적인 문제를 발견했다. 공장의 기계 설비가 노후화되어 생산한 제품의 순도가 낮았다. 그 결과 불량률과 반품률이 높았다. 기계 생산 효율이 낮아 제조원가가 높고 반품에 따른 유통 비용이 증가하니 적자에 시달릴 수밖에 없었다. 회사가 위기를 극복하기 위해서는 좋은 새 기계를 들여와야만 했다.

적자가 누적되어 자금이 부족한 회사에 새 기계를 살 여력이 있을 리 없었다. 금융권의 도움을 받아야 했다. 하지만 경영 상태가 나쁜 회사에 대출을 제공할 금융회사를 좀처럼 찾을 수 없었다. 그는 하나님께 간절히 매달렸다. 회사를 위해, 함께 일하는 직원들을 위해 이들을 사랑하는 마음을 담아 기도했다.

그리고 거래 은행을 모두 찾아다니며 프레젠테이션을 했다. 은행 담당자들은 M 기업에 새 경영자가 왔다고 하니 예의상 만나서 이야기를 들어주는 차원일 뿐, 대출의 의지를 보이지 않았다. 그런데 한 은행에서 반응을 보였다. "사장님의 말씀을 충분히 이해합니다. 기계를 교체하여 불량률을 개선하면 매출이 상승할 것이라는 분석에도 동의합니다. 하지만 우리가 주된 채권자나 투자자가 될 수는 없습니다. M 기업의 현재 경영 상태가 나쁘기 때문입니다. 우리에게 명분이 필요합니다. 우리 투자액이 과반수가 되면 안 됩니다. 총금액의 과반을 대출해주는 곳이 있다면, 그곳이 대출을 주도하고 우리가 나머지를 지원하겠습니다."

L 사장은 간절한 기도 끝에 한 줄기 빛을 발견했다. '50%까지는 과반수가 되지 않으니 50%는 대출을 받을 수 있다.' 그는 필요 자금의 50%를 융통해줄 금융사 한 곳을 더 찾기 위해 백방으로 뛰었다. 그리고 마침내 그 한 곳을 찾았다. 두 곳 금융기관으로부터 50%씩을 대출받게 된 것이다.

새로운 기계가 회사에 들어왔다. 새 기계는 성능이 매우 좋았다. 기존의 용도로 쓰기에는 순도와 품질이 기준을 훨씬 웃돌았다. 예상했던 대로 제품 불량률이 떨어지고, 순도가 높아졌으며, 생산 효율성이 좋아졌다.

새로운 기계 도입으로 회사의 매출과 이익이 개선된 것은 사실이지만, 극적인 반전은 없었다. 고객이 한정적이기 때문에 제한적인 상승만 일어났다. 매출이 비약적으로 상승할 또 다른 길을 찾는 것 역시 L 사장의 기도 제목이 되었다. 그리고 생각하지도 못했던 곳에서 새로운 수요처가 나타났다.

그 당시 우유 업체에서 신제품을 출시하면서 원재료를 공급할 업체를 찾았다. 하지만 국내에서 적절한 공급처를 찾지 못해 수입하는 방안을 검토했다. 그러다 M 기업이 식용에 쓸 수 있는 정도의 고순도와 품질을 갖춘 원료를 생산하는 설비를 갖추었다는 소식을 접했다. 그들은 제품을 확인하고 공급 계약을 맺었다.

기존 고객에 대한 공급 기반을 확실히 다지고 새로운 수요처를 찾음으로써 M 기업의 경영은 비약적으로 개선되었다. L 사장이 사령탑에 오른 1999년 매출액은 전년 436억 원보다 50% 가까이 증가한 616억 원이었고, 2000년에는 839억 원으로 급증했다.

L 사장은 M 기업을 이끌면서 '사랑 경영'을 경영 철학으로 제시했다. 기독교 정신의 핵심이 '하나님의 사랑'이며 성령의 원리가 사랑이기에, 사랑을 지향하고 실천함으로써 회사 내외에 선한 영향을 끼치며 복음을 전할 수 있다고 믿었기 때문이다.

그의 사랑 경영은 먼저 직원들을 향했다. L 사장은 CEO 자리에 오른 뒤 위축된 직원들을 격려하며 그 사랑과 존중의 마음을 가장 피부에 와닿게 표현했다. 직원 급여를 100% 인상한 것이다. 그리고 분기마다 경영 실적을 투명하게 공개했다. 이렇게 회사의 성과 향상의 결과가 직원들에게 돌아감을 보여주었다.

사랑은 직원 본인뿐만 아니라 그들의 부모에게도 향했다. 그는 약속 있는 첫 계명인 "네 아버지와 어머니를 공경하라"를 실천할 수 있는 장치를 만들었다. 직원들이 자기 급여에서 부모님, 장인·장모 용돈을 자동으로 송금할 수 있도록 공제 시스템을 만들었다. 그리고 회사 정책에 따라 4개의 계좌를 제출하면 회사는 공제하는 금액에 맞추어 '효도수당'을 지급한다. 그러면 직원들은 양가의 부모님께 자신의 급여에서 공제되는 용돈에 회사의 효도수당을 합한 금액을 보낼 수 있다.

이렇듯 직원들을 사랑하고 존중하는 마음을 표현함으로써 노사 간 신뢰가 커졌다. 제조업체에서 흔하게 발생하는 노사분규가 없었다. 직원들의 생산성 또한 높아졌다. 무엇보다도 '사랑 경영'의 바탕이 된 기독교 신앙에 대한 호의적 관심이 증가했다.

L 사장이 이끄는 M 기업은 명실상부하게 성장했다. 매출과 이익은 지속해서 상승했다. 1999년 말에는 세 곳의 지역 공장이 국내 업계 최초로 ISO 9002(품질경영체제)를 획득했다. 그리고 제조 과정에서 발생하는 오염을 최소화하는 환경 경영에 관심을 두었고 2000년 말에는 2개 공장이 ISO 14000(환경경영체제) 인증을 받았다. 그동안 국내에서 생산하지 못했던 고품질 원료를 생산하게 됨으로써 상당한 금액의 수입 대체 효과를 거두었고, 이전에는 엄두도 못 내던 수출까지 성공함으로써 국부(國富)에 기여하는 기업이 되었다.

L 사장은 이러한 경영 성과를 인정받아 철탑산업훈장, 대통령 표창, 한국의 CEO 대상, 전국경제인연합회 IMI 경영대상, 한국품질경영인 대상 등 여러 기관이 주는 수많은 상을 받았다.

그는 "사람들은 듣기 좋은 소리로 저를 칭찬하며 '경영의 귀재'라 부르지만, 그동안 제가 하나라도 뭔가를 이룬 것이 있다면 그 모든 것이 온전히 나와 함께해주신 하나님의 은혜"라고 고백한다.

L 사장은 이제 기업 경영 일선에서 은퇴했다. 하지만 여전히 사랑을 나누는 데 열정을 쏟고 있다. 교회 부서를 열심히 섬길 뿐만 아니라 장학금 수여, 멘토링 봉사, 선교사 후원, 봉사단체 활동에도 적극적이다. (사)한국성시화환경운동본부 회장, 한국공학한림원 정회원 및 원로회원, (사)대한민국 국가조찬기도회 부회장 등으로 섬기는 중이다.

L 사장은 자신이 지나온 삶을 통해 체험한 하나님의 은혜를 전하기 위해 2024년에 책을 냈다. 그는 이 책을 통해, 끝까지 포기하지 않고 인내하는 절대 긍정의 믿음을 가지라, 요셉처럼 하나님 안에서 꿈을 꾸라, 가족과 이웃을 사랑하라고 권면한다.

또한, '사랑 경영'을 강조한다. 사랑 경영은 직장과 사업 현장에서 사랑을 실천하는 것이다. 이것은 성령의 원리를 적용하는 경영이다. 그는 하나님과 함께 경영한다면 놀라운 성과가 나타나는 것은 당연하다고 힘주어 말한다.

제법 긴 시간의 직장생활과 경영을 통해 살아 역사하시는 하나님을 만나며 수많은 은혜를 체험한 그가 전하는 경영의 원리를 후배 크리스천 경영자들이 공유하게 되기를 바란다.

"너희 모든 일을 사랑으로 행하라"(고린도전서 16:14)

역전은 어떻게 이루어지는가?

어느 날 특별한 크리스천 경영자와 대화할 기회를 얻었다. 그분은 자신이 유명해지는 것을 좋지 않게 생각하였다. 그래서 그는 특강이나 인터뷰 등을 요청받아도 거절한다고 하였다. 그는 그 이유를 세 가지로 설명하였다.

첫째, 우리가 간증이나 기사를 접하면 비록 하나님의 은혜라고 이야기하지만, 듣고 보고 읽은 모든 사람은 하나님보다는 간증과 기사 속 인물에 주목하게 된다고 말했다. 그는 사람에게 주목받는 것은 올바른 신앙 태도가 아니라고 보았다.

둘째, 자신에 관해 이야기할 때 좋은 점만 말하게 되는데, 사실은 그렇지 않다는 것이다. 자신의 고객사나 거래 업체 중에서 "자기 일이나 잘하지"라는 핀잔이 나오기에 십상이라는 것이다. 잘못하는 것도 항상 있고 실수도 항상 발생하기 때문에 자랑할 것이 없다고 하였다.

셋째, 자신은 남에게 우리 회사는 정직하게 일한다고 말하지만, 사실 함께 일하는 모든 직원이 정말 자기 뜻대로 정직하고 올바르게 일하는지 알 수 없다고 하였다. 혹시 자기 직원 중에 거래 업체에 갑질하는 사람이 있다면 자신은 거짓말을 하는 셈이 된다고 하였다. 그래서 남에게 자신의 이야기를 자랑하듯이 공개하면 안 된다고 하였다.

나는 그 이야기를 들으면서 이 크리스천 경영자의 태도와 자세에 깊이 공감하였다. 그러나 그의 이야기 중에서 몇 가지만은 꼭 소개하고 싶다.

그는 회사 경영이 어려워졌을 때 마지막 수단으로 기도원으로 향했다. 모든 상황이 절망적이었다. 사방으로 우겨쌈을 당한다는 말이 절실히 이해되었다. 그에게는 응답받아야 할 기도 제목이 따로 없었다. 그런데도 기도원을 찾은 것은 '기도하는 중에 죽고 싶다'라는 마지막 소망 때문이다.

그는 예수님의 겟세마네 기도를 떠올렸다. 고통과 절망의 십자가를 눈앞에 둔 간절한 슬픔의 기도를 생각했다. "제 생명을 속히 거두어 가십시오"라고 울부짖었다. 하지만 그때 그가 놓쳤던 사실이 있다. 겟세마네 기도는 부활을 앞에 둔 승리의 기도이기도 했다. 그의 기도 역시 역전으로 이어질 것임을 그 당시에는 상상조차 하지 못했다.

그의 성장기는 고달팠다. 일찍 세상을 떠난 아버지 대신 가난한 집안의 생계를 사실상 책임져야 했기 때문이다. 그는 여러 일을 경험하면서 안목과 실력을 쌓았다. 그러던 중 한 분야에서 수작업으로 하는 것을 자동화하면 편리하겠다는 아이디어를 얻어 사업 아이템을 찾았다. 이를 실행에 옮기고 자동화 기계 만드는 회사를 창업했다.

그가 개발한 기계는 성능이 뛰어났다. 그렇지만 회사가 크게 성장하지는 못했다. 고객이 한정되었기 때문이다. 자동화 기계를 제작하여 납품하는 이 회사는 주문생산방식으로 운영하기에 매출 성장이 쉽지 않았다.

그는 수출을 계획했다. 내수로는 한계에 부닥쳤기에 당연한 결정이었다. 하지만 수출을 위한 전문적인 지식이 부족했다. 주먹구구식으로 자신이 직접 실무를 진행했다. 제품 카탈로그를 만드는 과정에서 그는 큰 실수를 했다. 자기 회사 제품과 비슷한 제품을 생산하는 회사의 영문 카탈로그를 그대로 베껴서 무슨 뜻인지도 정확히 모르는 영문 카탈로그를 제작하여 배포한 것이다. 그 내용 중 일부는 이러저러한 특허 기술을 사용했다는 것인데, 그것을 본 경쟁사가 가만히 있을 수는 없었다. 그의 회사는 소송에 걸렸다.

그는 자신이 남의 특허를 베낀 적이 없다는 사실을 호소하며 순전히 무지에서 비롯된 실수라고 변명하였지만, 법원의 판결은 냉정했다. 1심과 2심에서 모두 패소하고 말았다. 거액의 배상금을 물어내고 곧 회사 문을 닫을 판이었다. 최종심인 대법원 판결의 결과도 뻔히 내다보였다.

하필 그는 건강에도 심각한 문제가 있었다. 폐암에 걸렸다. 회사의 명운이 걸린 시기라 몸을 돌보지 못한 게 치명적인 결과를 불러왔다. 그가 치료를 위해 자리를 비우고, 소송 때문에 분주한 사이에 믿었던 직원들이 회사를 떠났다.

이 무렵 그를 진단한 의사는 그를 안타깝게 바라보며 말했다. "어떻게 몸을 이 지경으로 만들었습니까? 더 손을 쓸 수가 없습니다. 보름을 버틸 수 있을지 모르겠습니다."

자신의 생명이 15일밖에 남지 않았다는 말을 들은 그는 기도원으로 발길을 돌렸다. 더 절망할 것도 없었다. 이제 남은 게 없었다. 모두가 막바지로 몰렸다. 자신의 젊음을 바친 제품과 기술도, 함께 일하던 직원들도, 육신의 건강도 모두 잃었다. 한꺼번에 이 모든 것이 사라진 것을 보며 허무한 슬픔이 몰려왔다. 이제 깨끗하게 죽는 일만 남았다. 그는 누군가 그의 시신을 발견했을 때 기도하는 모습이었으면 좋겠다고 생각했다. 기도하는 중에 세상을 떠나는 것이 그의 마지막 소망이었다.

그는 죽음을 바라는 기도를 드렸다. 그렇게 보름이 지났다. 하지만 그는 생명을 이어가고 있었다. "하나님, 예정된 시간이 되었는데도, 아직 저를 데려가지 않으시는군요. 빨리 데려가 주십시오." 그는 이렇게 기도했다. 하지만 며칠 더 시간이 흘러도 그는 여전히 목숨을 유지했다. 실낱같은 희망을 느꼈을까. 그의 기도는 약간 달라졌다. "하나님, 혹시 저를 더 살려두실 의향이 있으신지요. 그렇다면 그냥 살려주시는 것으로는 제게 아무런 희망이 없습니다. 살길을 열어주십시오."

이때 그는 비몽사몽간에 음성을 들었다고 한다. 자신은 병과 절망감에 지쳐 의식이 불분명했지만, 또렷한 음성이었다.

"최고와 함께 일하라."

이 음성이 무슨 뜻인지 알 길이 없었다. 잘 이해되지도 않았다.

그는 땅에서의 생명이 얼마 남지 않은 형편이다. 의사의 판단대로라면 벌써 세상을 떠났어야 한다. 그는 병원을 찾아서 진단을 받았다.

그는 의사에게 말했다. "전에 보름 남았다고 말씀해주셨는데, 시간이 그보다 훨씬 지났습니다. 이제 회사 일을 정리해야 하니, 지금은 얼마나 더 살 수 있는지 정밀하게 판단하여 알려주십시오." 그러자 의사가 믿을 수 없다는 목소리로 말했다.

"암세포가 하나도 없습니다."

그는 깜짝 놀랐고 "최고와 함께 일하라"는 말씀을 떠올렸다. 이것이 새로운 길임을 직감했다. 그는 하나님을 신뢰하며 매달렸다.

그런데 구체적인 방향을 알 수 없었다. 그의 회사 제품이 속한 분야의 국내 시장 점유율의 대부분을 일본 기업이 차지하는 형편이었다. 그의 회사 제품은 미미한 수준이었다. 이 시장의 업체 중 1위는 일본의 경쟁사인데, 이 회사와 협력할 방법은 아무리 생각해도 없었다. 현실적 가능성이 보이지 않았다.

그렇지만 하나님께서 들려주신 음성인데, 분명히 그 속에 큰 뜻이 있을 것이라고 보았다. 그는 공식적인 통계상 동종 업계 1위 업체가 어디인지를 알아보았다. 그동안에는 관심을 두지 않았기에 잘 몰랐다. 1위 업체는 그가 예측한 것과 달랐다. 일본의 제조업체가 아니라 미국의 유통업체였다. 미국의 유통업체는 구매 대행 회사였다. 고객의 주문을 받아 일괄적으로 구매하여 납품하는 회사였다.

그는 그 회사의 담당자를 만나기로 했다. 그는 자신과 자신의 회사를 소개하면서 협력을 제안했다. "저는 한국에서 이 기계를 20년 동안 만들어왔습니다. 기술력도 뛰어나고 제품도 훌륭하며 내구성도 좋지만, 제가 영어를 못 하고 수출 경험도 없어서 해외 시장에 진출하지 못했습니다. 저는 우리 제품의 한국을 제외한 전 세계 시장 독점 판매권을 귀사에 10년 동안 제공하고자 합니다. 긍정적으로 검토해 주시기 바랍니다."

그 당시 그 회사는 제조업 기술력이 뛰어난 한국과 일본의 제품을 확보하여 공급하는 데 큰 관심을 두고 있었다. 특히 한국 제품은 가격 경쟁력이 뛰어나 매력적이었다. 때마침 20년이나 제품을 만들어 공급해온 숙련되고 신뢰성 있는 공급자가 나타나서 독점 판매권을 제안한 것이 기회로 보였다. 그 회사는 계약을 체결했다.

특허 관련 재판에서도 최종 승소했다. 이제 새로운 판로도 생겼으니 제품을 잘 만들어 팔면 되는 상황이었다. 그는 새로 태어났다. 그의 회사도 절망 속에서 다시 일어섰다. 그는 회사의 이름을 바꾸었다. 하나님께서 새로 만들어주셨기 때문이다.

지금 이 회사의 세계 시장 점유율은 50% 이상이 된다. 자기가 속한 세계 시장의 50% 이상을 차지하는 1등 기업이 되었다. 한국 시장은 사실상 독점에 가깝다.

회사 규모가 커지면서 그는 부회장이 되었다. 별도로 회장을 영입한 것도 아닌데, 그가 부회장이 된 사연을 독자 여러분은 짐작할 것이다. 회장님이 따로 계시기 때문이다.

그는 크리스천 경영자답게 기업을 운영한다. 형식이 아니라 진정으로 사내 예배를 드린다. 늘 기도하면서 약한 사람을 섬기고 돌보고자 한다. 이 회사의 장애인 근로자를 위한 시설과 업무 환경은 최고 수준이다. 또한, 장애인 근로자 비중이 다른 회사보다 월등히 높다. "장애인이 할 수 있는 업무라면, 장애인이 맡아 할 수 있도록 고용하라"는 것이 그의 인사 원칙이다. 이 회사는 장애인고용공단이 모델로 삼는 기업이 되었다.

선한 사업을 섬기는 데도 열심을 다한다. 그가 정기적으로 후원하고 있는 선교사님이 200명쯤 된다고 들었다. 선교사 자녀에게 장학금을 지원하고, 파키스탄 선교를 위해 버스를 운영하고 병원과 도서관을 짓는 등의 사역을 위해 아낌없이 사재를 내놓았다. 그가 1년에 선교비로 쓴 액수를 듣고 깜짝 놀랐다. 그만한 금액을 선교비로 헌금했다는 이야기를 들은 적이 없다. 아무리 부자 기업가라도 이것은 힘든 일이다.

"그 많은 돈을 어떻게 마련하셨나요?" 내가 물었다. 그러자 그는 이렇게 답했다. "하나님께서 재물을 얻는 능력을 주신 것 같습니다. 이것은 내 소유가 아닙니다. 그래서 모두 돌려드리려 합니다."

그에게는 물질에 대한 사심이 느껴지지 않았다. 죽었다가 다시 태어나는 은혜를 체험했기 때문일 것이다. 그는 생명과 기회를 다시 얻었다. 그로 인해 지금처럼 사업하며 섬길 수 있다는 한 가지 사실만으로 찬송하며 기쁘게 살아가고 있다. 이제 그는 자신이 창업한 회사에서 물러났다.

그는 유명한 전도자 한 사람을 전적으로 후원하기로 작정하고 상의한 이야기를 하였다. 자신이 재정적인 모든 것을 책임지고 후원할 터이니, 재정에 대한 것은 일체 자신에게 맡기고 사역에만 집중하면 좋겠다고 권유했다고 한다. 그런데 그 전도자는 깊이 생각한 후에 거절했다고 한다. 그 전도자는 마음 깊은 곳에 자리한 욕망을 넘어서지 못한 것이다. 자기를 부인하고 자기 십자가를 지고 예수님을 따르기보다는 자기를 드러내고 자신의 명예와 영광을 추구하며 예수님을 활용하여 자기 영광을 자랑하고 싶어 하는 마음이 있었던 것이다.

그 이야기를 들으면서 나의 속마음을 들킨 듯하였다. 하나님으로부터도 칭찬받고 사람들에게도 인정받고자 하는 두 마음을!

"주께서 나의 슬픔이 변하여 내게 춤이 되게 하시며 나의 베옷을 벗기고 기쁨으로 띠 띠우셨나이다"(시편 30:11)

쓰임 받는 그릇의 조건

2014년 무렵의 일이다. 크리스천 CEO 포럼에서 강의를 끝내고 돌아가려는데, 한 청년이 나에게 다가와 명함을 건네며 인사했다. O 기업의 N 대표라고 했다. 그는 나에게 정식 경영 컨설팅을 요청했다. 얼마 후 그의 회사에 방문했다. 이 회사는 의료기기를 생산하여 병원 등에 공급했는데, 외주 생산 체제에 따른 제품 품질 문제로 어려움을 겪고 있었다.

나는 이 회사와 관련 업계의 현황을 분석하고 최선을 다해 문제 해결 방안을 수립했고 이를 바탕으로 교육과 자문을 진행했다. 그러나 컨설팅 기간 내내 N 대표의 표정은 그리 밝아 보이지 않았다. 무엇인가 꽉 막힌 답답함을 느끼는 것 같았다. 그가 나에게 속마음을 털어놓았다.

"선생님, 솔직히 말씀드리겠습니다. 선생님의 컨설팅이 탁월하다고 느낍니다. 그런데 척하면 착하고 알아듣는 전문가가 즐비한 대기업에서는 선생님의 솔루션이 잘 적용되겠지만, 우리 회사에서는 너무 어렵게 느껴지고 막막할 따름입니다. 맥을 짚기가 힘듭니다."

내 잘못이었다. 업체에 맞지 않는 컨설팅을 제공한 셈이었다. 내가 당황하며 민망해하자 N 대표는 그야말로 엉뚱한 제안을 했다.

"제가 못 따라가서 그렇지, 선생님의 해법이 맞는 것 같습니다. 그러니 외부 컨설팅이 아니라 내부 경영자로서 회사를 이끌어주시면 어떻겠습니까?"

무리한 제안이었지만, 나는 뜻밖에도 그의 요청을 받아들였다. 컨설팅 다음 해인 2015년 1년간 COO로서 일주일에 3일씩 출근하며 경영에 참여했다. 그러면서 기술연구소와 생산부서, 품질팀을 조직하고 제품 품질을 안정화하는 데 조력했다. 그사이 제조업체로서 기틀이 잡혔고, 나는 COO 자리에서 기쁘게 물러날 수 있었다.

O 기업은 2016년에서 2017년 사이에 고질적인 품질 문제를 극복했으며, 2018년에는 흑자를 기록했다. 내수 시장에서는 1위로 올라서지는 못했지만, 일본을 중심으로 수출이 크게 늘면서 회사는 급성장했다.

N 대표는 학교 졸업 후 친구 서너 명과 함께 식당, 커피숍 등 이것저것 사업을 벌였다가 모두 망했다고 한다. 심각하게 진로를 고민해

야 할 상황이었다. 그는 사업의 끈을 놓지 않고 고정수입을 얻을 방법을 찾아보았는데, 판매에 따른 수당이 나오는 '세일즈'가 좋겠다는 판단이 들었다. 그러면 무엇을 팔지가 관건인데, 미래 유망 분야인 바이오 헬스 쪽으로 마음이 기울었다. 그리고 시장이 가장 유망한 분야에 들어가는 의료기기 세일즈맨이 되었다. 그는 열심히 일했고, 그를 신뢰하는 고객이 꽤 생겼다.

그러던 중 고객으로부터 자신이 판매하는 제품에 대한 품평을 들었다. 이는 제품 개선에 대한 요구이기도 했다. 그는 이 내용을 꼼꼼하게 기록하여 회사에 건의했다. 회사에서는 생산 시스템상 당장 바꾸기는 어렵고 나중에 신제품 개발 때 의견을 반영하겠다는 원칙적인 답변을 했다.

그 고객은 고집을 꺾지 않았다. 자신이 사줄 테니, N 대표가 만들어 납품하라고 말했다. N 대표는 손사래를 쳤다. 자신은 판매만 할 줄 알지, 제품을 개발하고 생산할 역량이 되지 않는다고 말했다. 그러자 그 고객은 개발회사에서 디자인하면 되고 생산회사에서 외주로 제작할 수 있다며 N 대표를 설득했다.

이렇게 N 대표는 2004년 의료기기 제조업체를 창업했다. 하지만 갑자기 시작한 사업은 쉽지 않았다. 적자가 누적되어 생긴 자금 문제도 있었지만, 생산과 품질관리 부문에서 도약할 필요를 느꼈다. 그 무렵 나를 만난 것이다.

　지금도 N 대표는 나의 제자를 자처하지만, 사실을 말하자면 내가 N 대표에게 배운 것이 더 클지도 모른다. 그는 이른바 엘리트 출신이 아니다. 그렇지만 자신의 역량을 최대한 발휘할 줄 알았다. 하나님을 의지하는 사람이기 때문이다.

　하나님께 쓰임 받는 사람은 그 능력이 확장된다. 그는 엔지니어 출신이 아니다. 그래서 획기적인 기술력을 발휘하지도, 제품 개발과 생산에서 두각을 드러내지도 못했다. 그러나 최일선에서 고객의 목소리를 경청하고 이를 경영에 반영하는 것으로 또 다른 강점을 발휘했다. 그는 경영학을 전공하지 않았고, 큰 기업에서 경영관리를 경험하지도 못했다. 하지만 그 때문에 더욱 유연하고 개방적이다. 나에게 COO를 맡기고 중요 사항을 완전히 위임하는 데 주저함이 없었다. 이후에도 전문가에게 업무와 결정권을 맡기고 자기주장을 고집하지 않았다. 그는 자신이 부족하다고 느낀다. 그래서 배움에 대한 열망이 가득했다. 나에게 배울 때도, 이후 다른 전문가들에게 배울 때도 스펀지처럼 빨아들이듯 지식을 자기 것으로 만들었다. 이런 학습열이 그를 성장시켰을 것이다.

　그리고 그는 사업하는 사람답지 않게 겸손했다. 청빈하고 욕심이 없었으며 과시하는 데도 관심이 없었다. 철저하게 정직을 추구했다. N 대표는 '○○○○ 스피릿'이라는 회사의 원칙을 세웠다. 그중 중요한 덕목은 정직이었다. 크리스천이 경영하는 회사는 정직해야 한다는 게 그의 소신이다.

회사가 성장하면서 수출 쪽에 역점을 두었는데, 수출 실무에서 원칙과 관행이 잘 안 맞아떨어지는 상황이 자주 생겼다. 예를 들어 고객에게 시제품을 제공했는데, 고객이 마음에 들어 그것을 계속 쓰고 싶다면, 시제품을 회수하고 본제품으로 매출 처리하는 게 원칙이다. 하지만 이것이 번거롭기에 회계상 편법을 쓰는 일이 사업 현장에서는 자주 일어난다. 그런데 N 대표는 이런 사소한 잘못에도 민감했고 이후에라도 실수가 발견되면 반드시 바로잡았다.

2018년경 수출업체 대상의 특별세무조사가 대대적으로 진행된 적이 있다. 일부 수출업체가 수출 대금 중 일부를 현지에서 빼돌리고 이것으로 비자금을 조성하거나 사적으로 유용한 일이 적발되었기 때문이다. O 기업도 세무조사 대상이었다. 집중적인 조사가 진행된 후 회사의 추징세액은 0원이었다. 회계 부정은 고사하고 사소한 누락도 발견되지 않았다.

내가 짐작하기에, 세무조사를 한 사람들도 N 대표의 청빈함에 놀랐을 것이다. 그 당시 N 대표의 급여는 '전 직원 급여의 평균'이었다. 회사의 어려운 형편을 고려할 때 경영자가 직원들보다 급여를 많이 받는 게 옳지 않다고 여겨 그렇게 정해둔 것이다. 이 때문에 임원 등 고임금 직원들에게 원성을 들은 일도 있다고 한다.

그 당시에는 그 흔한 부동산도 하나 없었다. 나는 그의 집을 방문한 적이 있다. 20평이 안 되어 보이는 소형 아파트였다. 거실에 탁자 하나를 놓고 두 사람이 앉으니 공간이 꽉 찼다. 세무조사를 받을 당시 그의 세 자녀는 학원이나 유치원 한 곳도 다니지 않았다. 사교육에 쓸 돈이 없었기 때문이다. 그는 자가용 승용차도 보유하지 않았다. 업무용 차량이 있었는데, 실제 순수한 업무 용도로만 이용했다.

물론 그 이후 그의 형편은 달라졌을 것이다. 회사가 급성장했으며, 개인적으로도 지분 매각을 통해 꽤 많은 돈을 벌어들인 것으로 알고 있다. 그가 지금 부유해졌다고 해도 과거 그의 청빈했던 생활을 저평가할 수는 없다. 회사가 어렵다고 해서 대표가 나서서 사심 없이 근검한 생활을 유지하는 것은 결코 쉽지 않기 때문이다. 가난을 즐겁게 받아들이며 열심히 일하던 모습이 내 기억에 강하게 남아 있다.

그런데 그는 선한 일에는 아낌이 없다. 자신을 드러내지도 않는다. 최근에도 30억 원의 기금을 만들어 5억 원씩 6곳에 무명으로 장학 헌금을 한 일에 대해 들었다. 자신이 이 일을 알린 게 아니다. 컨설팅 실무를 하며 자연스럽게 알게 된 사실이다.

N 대표를 보면서 쓰임 받는 그릇에 대해 새삼 생각하게 되었다. 그릇의 재질에 마음을 둘 필요가 없다. 금그릇이든, 은그릇이든, 질그릇이든 상관없다. 빈 그릇, 깨끗한 그릇이 쓰임 받을 수 있다. 그와 O 기업은 깨끗한 그릇으로 쓰임 받고자 노력하고 있다.

"그러므로 누구든지 이런 것에서 자기를 깨끗하게 하면 귀히 쓰는 그릇이 되어 거룩하고 주인의 쓰심에 합당하며 모든 선한 일에 준비함이 되리라"(디모데후서 2:21)

일터 교회의 십자가 경영

IMF의 파고는 높았다. 혹독한 불황으로 고객사들이 주문을 줄였다. 심지어 몇몇 고객사는 부도로 문을 닫았다. 이대로 버티는 것은 불합리한 선택으로 보였다.

'이대로 간다면 결국 회사는 망하고 직원 모두 일자리를 잃을 것이다. 내 삶도 깊은 수렁에 빠질 것이다. 이제 구조조정이 필요하다.'

Q 기업의 P 대표는 깊은 절망감을 느꼈다. 하지만 그에게는 남들이 갖지 못한 결정적인 한 가지 대안이 있었다. 하나님께 기도하며 매달리는 것이다. 그는 회사의 미래, 즉 자신과 직원들의 미래를 놓고 간절히 기도했다. 그러나 현실의 벽을 넘지는 못했다. 현실적인 해결책으로 마음이 점점 기울고 있었다.

'지금 대규모 구조조정을 진행하면 40억 원 정도의 현금을 마련할 수 있다. 소나기를 피해가듯, 이 시련의 시기를 넘어가면 이후에 이 돈을 발판으로 재기의 기회를 잡을 수 있다.'

그리고 자신의 간절한 기도에 대해 하나님께서 합리적인 방향으로 응답을 주실 것이라 은근히 기대하며 기다렸다.

인천 토박이인 P 대표는 대학에서 기계공학을 전공하고 ROTC 장교로 군 복무를 마친 후 한 자동차 대기업의 엔진개발팀에서 사회 생활을 시작했다. 밤낮없이 일에 매달리던 그는 문득 자신의 삶을 다시 생각하게 되었다.

'나는 왜 일하는가? 이 일이 하나님 앞에서 어떤 의미를 지닐까?'

그는 일의 의미와 본질을 기독교 신앙 속에서 찾았다. 인간이 일을 통해 하나님의 동역자로서 '의(義)'를 실현해야 한다는 믿음이었다. 그에게는 세상적 성공보다 하나님의 뜻에 합당한 일을 하는 것이 더 중요했다. 그는 더 이상 대기업의 부품처럼 살아갈 수 없다고 결심했다. 그는 기도 끝에 회사를 나왔다. 퇴직금에 아내의 결혼 예물까지 탈탈 털어 300만 원의 자본금을 마련했고 무역회사를 창업했다. 주 품목은 일본에 본사를 둔 세계적 기업의 세라믹 공구였다.

Q 기업은 눈부신 성장세를 보였다. 그러던 어느 날 자신의 회사가 주로 거래하는 일본의 유명 기업 본사로부터 전격적인 제안이 들어왔다. "우리 그룹의 한국지사장을 맡아주십시오." 세계적 대기업의 한국 지사장 자리는 누구나 부러워할 만한 기회였다. 그러나 그는 그 제안

을 거절했다.

그 기업의 창업자 회장이 강조한 기업 철학 때문이었다. '잇쇼겐메이(一生懸命, 회사를 위해 목숨을 바치는 것)'라는 철학은 일을 통한 하나님과의 동역을 추구하는 P 대표가 받아들일 수 없었다.

"한 사람이 두 주인을 섬기지 못할 것이니 혹 이를 미워하고 저를 사랑하거나 혹 이를 중히 여기고 저를 경히 여김이라 너희가 하나님과 재물을 겸하여 섬기지 못하느니라"(마태복음 6:24)

그는 말씀을 따라 절호의 기회를 포기했다. 그의 결단 이후에도 Q 기업은 꾸준히 성장했다. 매출이 100억 원을 넘었고, 직원 수도 100여 명에 이르렀다. 그러나 1997년, IMF 외환위기의 혹한이 닥쳤다. 매일 거래 기업이 무너지고 은행이 문을 닫았다. 그 역시 위기에 직면했다.

그는 매일 새벽기도의 자리로 나갔다. P 대표는 회사 구조조정 문제를 놓고 40일간 집중해서 기도했다. 그는 "살려주십시오"라고 울부짖었다. 그의 기도에는 약간의 원망도 섞였다. 하나님께 헌신하기 위해 좋은 기회까지 포기해가며 성실하게 살아왔는데, 이런 상황에 부닥친 게 아프고 슬펐다.

그리고 한편으로는 '지금 정리하면 40억 원 정도는 건질 수 있고, 이 돈이면 다시 새출발을 할 수 있다'라는 현실적 계산에 유혹을 받았다. 하나님께서 '정리하고 다시 시작하라'라는 응답을 주시기를 마음 한구석에서 기대하고 있었는지도 모른다.

40일 작정 기도의 마지막 날, 그의 마음속에서 하나님의 음성이 들려왔다.

"너의 마음속은 매출과 이익, 누구를 내보내서 비용을 줄일 것인가 하는 수지타산의 생각만 가득하구나. 결국, 너의 관심사는 돈이구나. 그러나 나의 관심은 영혼에 있다. 너는 지금껏 사업하면서 그 영혼에 얼마나 관심을 두고 노력했느냐? 너를 통하여, 네 회사를 통하여 얼마나 많은 사람이 복음을 접하고 구원을 받았느냐?"

P 대표는 험난한 현실을 타개할 합리적인 대안을 얻고자 기도해 왔다. 회사를 접어야 할지, 구조조정을 한다면 몇 사람을 보낼지, 또 누구를 보낼지를 묻고 답을 듣고자 했다. 그러나 하나님의 관심사는 달랐다. 그에게 이렇게 응답하셨다.

"내가 네게 회사를 맡긴 것은 나의 의를 구하고, 죽어가는 영혼을 구하게 하기 위함이다."

그는 무릎을 꿇은 채 울었다. 처음 회사를 세웠던 때의 마음, '하나님께서 주신 일터'라는 다짐을 떠올렸다. 그리고 결단했다.

'이 회사는 내 것이 아니다. 하나님의 것이다.'

다음 날 그는 전 직원을 모았다. 그동안 Q 기업의 직원들은 불안함 속에서 P 대표의 입만 처다보고 있었다. 그의 결심에 따라 회사가 문을 닫을지도 모르고, 자신이 일터를 떠나야 할 수도 있기 때문이다. 이미 수많은 회사가 문을 닫았다. 직장에서 떠밀려 나가는 사람이 셀 수조차 없이 많았던 시절이다. 그들은 자신의 일자리를 유지하는 게 쉽지 않으리라 생각했다. 그런데 P 대표가 작정 기도를 한다고 하니 그 결과를 기다려야 했다. 그런 불안감 속에 지내던 중에 이윽고 P 대표가 직원들을 불렀다. 직원들은 '구조조정의 규모와 누가 회사를 떠날지가 발표될 것이다. 아니면 회사 문을 닫을 수도 있다'라고 생각했다.

"여러분, 진심으로 죄송합니다…"

드디어 P 대표의 입이 열렸다. '죄송하다'는 표현에서 직원들은 올 것이 왔음을 직감했다. 그들은 더 구체적인 이야기가 이어지기를 기다렸다.

"제가 크리스천 경영자라고 하면서도, 여러분의 영혼에 대한 사랑과 관심이 부족했습니다. 하나님의 사랑을 전하는 데 게을렀습니다."

이어지는 이야기에 직원들을 고개를 갸우뚱했다. '이야기가 이상하게 흘러가는데…'

"여러분 저는 지난 40일간 열심히 기도하고 응답을 받았습니다. 이제 우리가 함께 더 기도합시다."

P 대표의 발언은 예상하던 것과는 방향 자체가 달랐다. 직원들이 가장 관심을 둔 구체적인 구조조정 이야기는 언급조차 되지 않았다. 직원들은 답답했다. '그래서 어떻게 한다는 거지?'

"여러분, 우리 회사의 주인은 하나님이십니다. 우리는 그분의 뜻을 이루기 위해 이 자리에 있습니다. 그러니 구조조정은 하지 않겠습니다. 모두 함께 갑시다.”

직원들은 놀랐다. 당시는 대부분의 회사가 인력을 절반 이상 줄이던 시기였다. 그러나 P 대표는 한 사람도 내보내지 않겠다고 선언했다. 직원들은 당장 안도감을 느꼈지만, 인력 절감 없이 이 어려움을 넘길 수 있을지 내심 걱정이 되었다. P 대표의 결단이 불가능한 현실을 돌파하는 ‘믿음의 경영’을 증명하는 첫걸음이 될 수 있을지가 불투명해 보였다.

그러나 P 대표는 하나님의 이끄심 속에 위기를 넘겼다. 그리고 회사의 존재 이유를 다시 정립했다. “삶의 현장에서 하나님의 나라와 의가 구현되는 사랑의 공동체.” 회사의 새로운 비전이었다. 이를 위해 실천 방안도 나왔다. “하나님 나라의 실현은 관념이 아니라 결과다. 사랑의 공동체를 만들면, 그 안에서 하나님의 나라와 의가 자연히 드러난다.” 회사는 근본적으로 바뀌었다. 사원들은 일터에서 처음으로 ‘신뢰’를 배웠고, ‘일’이 단순한 생계 수단이 아니라, 하나님이 맡기신 ‘소명’임을 깨달았다.

그 무렵 일본의 유명 대기업에서 다시 연락이 왔다. 그 회사의 최고 경영자는 한국지사장 자리를 한 치의 미련 없이 거절한 P 대표를 눈여겨보았다. 그들은 사람을 사랑하고 가치를 중심으로 경영하는 P 대표와 Q 기업에 매력을 느꼈다. 그들은 P 대표에게 한국지사장을 맡아달라고 또다시 요청하지 않았다. 그 대신 두 회사가 공동 출자하여 새로운 회사를 만들자고 제안했다. 새롭게 출범하는 회사는 P 대표의 경영 철학과 방식을 존중하기로 했다. 발전을 위한 투자도 약속했다. 그렇게 새로운 합작법인이 출범했다.

출범 첫해의 매출 목표는 50억 원으로 정했다. 그 목표는 곧 달성되었고, 매년 성장률은 예상을 뛰어넘었다. 10년 뒤 매출은 500억 원에 이르렀다. 모두가 놀랐다. 하지만 P 대표는 겸손히 말했다. "이것은 사람의 경영 능력이 아니라, 하나님이 함께하신 결과입니다."

10주년 감사 예배 자리에서 그는 전국 대리점 대표들을 향해 이렇게 말했다. "여러분 덕분에 오늘의 우리 회사가 있습니다. 함께 일할 수 있어 감사합니다." 그의 인사는 형식이 아니라 진심이었다.

P 대표는 회사의 경영 방식을 '십자가 경영'이라고 표현한다. 십자가가 가로와 세로의 두 직선을 갖듯이, 이 기업의 경영 역시 가로축과 세로축으로 나뉜다.

세로축은 '아메바 경영'이다. 3~15명의 소규모 팀이 '소사장' 체계로 자율적으로 운영되는 시스템이다. 이 팀들은 매출과 비용을 직접 관리한다. 팀 이익의 절반은 전 사원이, 나머지는 해당 팀이 나눈다. 이 제도는 구성원 모두가 '경영자 의식'을 갖도록 만들었다.

가로축은 '사랑의 공동체 경영'이다. 전 사원을 14~16인 단위로 팀을 편성하고 팀장인 리더를 세워 그 팀원들끼리 소통을 도모하는 활동을 한다. 이를 통해 서로 간의 벽을 허물고 이해하고 사랑하고 도와주는 관계가 형성되도록 한다. 여기에는 리더들의 역할이 매우 중요하다. 그래서 P 사장은 리더들과 함께 일주일에 한 번씩 모여 제자훈련을 한다. 아메바 팀이 십자가의 세로로 수직적 서열 팀이라면, 사랑의 공동체 팀은 서로 섬기며 사랑하는 수평적인 팀이다. 이를 통해 팀원들은 서로의 어려움을 나누고, 함께 기도하며 문제를 풀었다. 그리고 리더들은 제자훈련을 통해 영적 리더십을 배웠다.

아메바 팀의 수직선과 사랑의 공동체 팀의 수평선은 서로 만나 하나의 십자가를 이룬다. 이 십자가는 기업의 구조이자, 신앙의 상징이다.

이 회사의 월요일은 다르다. 모든 직원이 본관 예배실에 모여 찬양을 부른다. 수십 개의 사랑의 공동체가 돌아가며 예배를 준비하고 인도한다. 예배에는 직급의 차이가 없다. 사장과 사원, 모두가 같은 예배자다. 나는 그 예배에 참석한 적이 있다. 기쁨이 넘쳤으며, 감동적인 간증이 흘러나왔다. 교제와 섬김이 가득했다. 예배를 통해 직원들은 '나의 일은 하나님이 맡기신 일이며, 하나님 앞에서 모두가 평등하다'는 것을 깨달았다. 그리고 이 깨달음이 회사를 바꾸었다.

이 회사에서 일은 더 이상 생계의 수단이 아니라 예배의 연장이 되었다. 그들은 정직하고 성실하게 일한다. 그들은 자기 일을 통해 하나님을 섬기고, 동료와 고객을 위한 사랑을 실천한다. 회사는 그 자체로 하나의 일터 교회가 된다.

P 대표는 이렇게 말한다.

"회사는 돈을 버는 곳이 아닙니다. 하나님 나라를 세우는 현장입니다."

네 장막터를 넓혀라

기업 컨설팅을 하다 보면 내 경험이나 지식·정보의 범위를 넘어서는 현안에 부닥치곤 한다. 그런데 그것이 대기업의 큰 프로젝트라면 오히려 해볼 만하다. 연관 사례와 자료가 비교적 풍부하기에, 공부하며 치밀히 준비하고 주변의 협력을 끌어모으면 대응할 기반을 만들 수 있다. 그런데 중소기업이 부닥치는 일상적 문제는 훨씬 더 어렵다. 현안이 특수하고 구체적이어서 '이럴 땐 어떻게'라는 일반 지침이 존재하지 않는 경우가 많다. 그럴 때는 고객의 문제를 놓고 기도하며 지혜를 구하지만, 컨설턴트로서 속 시원한 해답을 줄 수 없어 민망하고 난처할 때가 많다.

침구와 의류 등의 섬유 제품을 주로 공급하는 소기업 S를 컨설팅할 때도 그랬다. 이 회사 경영자인 R 대표는 믿음이 견고하며 크리스천 경영자답게 기업을 경영하겠다는 선한 의지가 강했다. 그녀는 IVF(한국기독학생회) 출신으로 졸업 후에도 이 선교단체와의 끈을 이어가며 후원하는 데도 열심이었다. R 대표와 S 기업을 컨설팅하는 일은 보람이 있었지만, 그 회사의 과제가 나의 전문 분야와는 달라서 애를 먹었다. 그러나 결국 내가 이로부터 크게 배우게 되었다.

S 기업이 처한 문제는 단순했다. 근무하는 직원들이 늘어나 사무실이 비좁아지는데, 건물주는 임대료를 올리겠다고 했다. 사무실을 줄여 이사할 수도 없는 형편이다. 현재 사무실을 유지하는 데도 자금이 빠듯한 형편에 더 넓은 공간을 임대해야 했다.

이런 상황을 놓고 나에게 자문을 요청했다. 부동산 매매나 임대에 대해 문외한인 나는 딱히 해줄 조언이 없었다. 내가 컨설팅을 할 수 있는 분야가 아니라 컨설팅을 받아야 할 분야였다. 함께 기도하는 수밖에 없었다.

이 상황에서 그녀는 다소 과욕을 부리는 듯했다. 이번을 기회로 삼아 아예 건물을 사는 게 좋겠다는 생각을 한 것이다. 대출을 받아 건물을 매입하고 한 개 층 정도를 회사에서 사용하고 나머지 층은 임대를 주어 대출 이자를 충당하면 좋겠다고 말했다. 기본적으로 좋은 아이디어였다. 그러나 대출을 받는다 해도 기본 자금은 마련된 상태여야 하는데, 그 정도 여건은 아니었다.

R 대표는 급매로 나온 건물 하나를 발견했다. 그녀가 생각한 규모와 위치를 갖춘 적합한 건물이었다. 건물 가격은 35억 원이었다. 하지

만 이 건물을 매입할 정도의 여력은 없었다. 그래도 R 대표는 포기하지 않았다. 그녀는 간절한 마음으로 기도했고, 은행 대출 상담을 받기로 했다.

언뜻 보면 R 대표는 좀 과하게 긍정적이고 낙관적으로 느껴질 수 있다. 훌륭한 믿음이지만, 비현실적이지 않은가 하는 생각이 들 수도 있다. 하지만 그녀가 긍정적이고 낙천적인 데는 확실한 근거와 이유가 있다. 그녀는 어려움에 부닥칠 때면 하나님의 도움을 구했고 그때마다 은혜를 경험해왔다.

R 대표가 대출 상담을 위해 주거래 은행에 들어섰다. 마침 그곳 지점장과 마주쳤다. 주거래 은행이기에 서로 낯이 익은 사이였다. 지점장은 다짜고짜 R 대표를 자기 사무실로 데리고 들어갔다. 그리고 자리에 앉자마자 이렇게 말했다.

"대표님, 35억 원 정도 대출받으실 수 있겠어요?"

이 놀라운 일의 사연은 이랬다. 한 재벌그룹에서 사회공헌 활동의 하나로 거래 회사 금융 지원을 진행했다. 그 그룹에서 자금을 조달하고 은행을 통해 그룹 협력사나 거래 업체에 저금리 대출을 지원하는 프로그램이었다. 그런데 S 기업은 그 그룹과 거래가 있었다. 특히 R 대표는 선량하고 정직하게 경영해와서 은행의 신뢰를 받았고, 소외계층 고용 등 사회공헌 활동에 열심이라 그 프로그램에 안성맞춤이었다.

지점장의 이야기를 듣고 R 대표는 건물 매입 계획을 밝혔다. 그러자 지점장은 더 반색했다. 부동산 담보까지 제공되니, 대출해주지 않을 이유가 없다는 것이다. 이렇게 해서 S 기업은 건물 매입을 하고, 직원들은 더 넓은 공간에서 일할 수 있게 되었다.

나는 이 과정에서 컨설턴트로서 한 일이 없어 미안한 생각이 들었다. 현실적인 방법과 가능성에만 매몰된 것이 부끄러웠다. 간절히 기도하고 하나님의 이끄심을 기대하는 그녀의 선한 긍정이 올바른 경영 방법이라는 생각이 들었다.

그 후로 1년가량 시간이 지났을 때였다. R 대표가 또 부동산 이야기를 했다. 이번에는 물류창고였다. 수입된 제품을 보관하면서 판매하기 위해 창고를 임대해서 쓰고 있었는데, 사업이 성장하면서 창고 공간이 부족해졌다. 할 수 없이 여러 군데 창고를 임대하여 분산해서 쓰게 되었다. 그러다 보니 물류 업무에 비효율이 발생했다.

R 대표는 자체 물류창고를 갖추어야겠다고 생각했다. 그리고 이 문제를 놓고 간절히 기도했다. 나도 함께 기도했다. 지난번에 하나님께서 은혜를 주서서 공짜로 사옥을 마련했는데, 이번에도 같은 은혜를 받아 물류창고가 마련되기를 바라고 구했다.

R 대표와 동행해서 물류창고 부지를 알아보았다. 열 군데 넘게 방문했던 기억이 난다. 그 후 R 대표는 나에게 최종 후보지 다섯 곳을 정했는데, 같이 방문해서 그중에 가장 적합한 곳을 선정하자고 했다. 그 다섯 곳 중 세 곳은 적절한 면적이었고, 두 곳은 지나치게 넓었다. 500평 정도면 지금 적합한데, 확장을 고려하여 1,000평 정도면 괜찮

다는 게 내 판단이었다. 그런데 가장 넓은 곳은 5,000~6,000평 규모였다. S 기업에는 과잉 규모였다. 그런데 R 대표는 가장 넓은 이 땅에 마음을 둔 것 같았다.

이 부지는 가격이 매우 싼 것이 장점이었다. 여기에는 그만한 이유가 있었다. 그 부지는 고속도로 건설 예정지 옆의 푹 파인 계곡이었다. 따라서 공장이나 창고를 지으려면 땅을 메워야 했다. 그곳을 다 메워서 주변 지대와 평평하게 하려면 어마어마한 양의 토사가 필요해 보였다.

R 대표는 "네 장막터를 넓히며 네 처소의 휘장을 아끼지 말고 널리 펴되 너의 줄을 길게 하며 너의 말뚝을 견고히 할지어다"(이사야 54:2)라는 말씀이 떠올랐다고 말했다. 나도 그녀의 뜻에 동의했다. 그리고 "하나님께서 그 땅을 살 수 있도록 길을 열어주신다면 계약하는 게 좋겠다"라고 말했다.

R 대표는 중소벤처기업진흥공단에 정책자금을 신청했다. 그리고 부지 매입에 필요한 금액을 지원받을 수 있었다. 그 금액으로 부지 매매 계약을 했다. 이제 문제는 움푹 파인 계곡을 메워서 주변 부지나 도로와 평평하게 하는 일이었다.

그녀는 나에게 토목과 관련된 사람을 소개해달라고 부탁했다. 안타깝게도 나는 그쪽에 아는 사람이 전혀 없었다. 그러자 R 대표는 대학 시절에 알던 분 중에 토목공학과 출신이 있는데, 그분이 지금 그 일을 하는지, 연락처가 그대로인지 잘 모르겠다고 말하며 한번 만나서 조언을 요청해야겠다고 말했다.

얼마 후 R 대표는 대학 시절에 알던 분을 만났다. 그의 조언을 구해서 공사의 방향을 잡으려 했다. 다행히 그는 토목 일을 하고 있었다. 그뿐만이 아니라 S 기업이 매입한 부지 주변의 도로 공사를 맡은 책임자였다.

R 대표가 자신이 매입한 땅 이야기를 꺼내자, 그는 신기하다는 표정을 짓다가 자기 책상 서랍에서 도면을 하나 꺼냈다. 그는 그 땅 주변에 인터체인지를 조성할 계획인데, 언덕을 깎아내는 과정에서 토사가 많이 나온다고 했다. 그것으로 S 기업이 매입한 부지를 메우면 어떻겠느냐고 말했다.

놀라운 일이었다. 별도로 공사를 해서 땅을 메울 필요가 없게 되었다. 더욱이 주변에 인터체인지가 생긴다고 하니 그 땅의 가치와 활용도가 기대보다 훨씬 더 커질 수 있었다. 인터체인지 공사가 끝난 후 R 대표는 잘 조성된 평지에 물류창고를 지었다. 창고 세 동을 지어서 한 동은 S 기업이 사용하고 두 동은 임대를 주었다고 들었다.

나는 R 대표가 큰 은혜를 받은 사례를 이야기할 때면 조심스럽다. 하나님을 잘 믿으면 부동산을 잘 사고 잘 팔아서 큰 이익을 챙길 수 있다는 식으로 들릴 수 있기 때문이다. 하지만 R 대표는 부동산 투자로 돈을 벌겠다는 생각이 전혀 없었다. 그녀는 하나님의 은혜 안에서 사업을 확장하며 선한 영향을 끼치겠다는 소망을 품고 간절히 기도하여 응답을 받았다.

S 기업이 사옥과 물류창고 부지를 매입할 때 주거래 은행과 중소벤처기업진흥공단이 흔쾌히 대출해준 것은 R 대표가 평소 정직하고 선하게 경영하는 것이 알려졌기 때문이다. 신뢰할 수 있으며 평소 직원들과 고객, 지역사회를 위해 헌신하는 정직하고 착한 기업이었기에 대출이 더 쉬웠다. 하나님께서는 R 대표가 닦아놓은 신뢰와 평판을 이용하여 은혜를 주셨다.

R 대표는 고용에 있어서 "고아와 과부를 돌보라"는 말씀을 원칙으로 삼는다. 그녀는 고아와 과부의 의미를 폭넓게 찾는다. 취업에서 소외된 청년들이 이 시대의 고아이며, 경력 단절로 일자리를 찾기 어려운 여성들이 이 시대의 과부와 같다. S 기업은 이처럼 취업 경쟁에서 어려움을 겪는 이들을 최우선으로 채용하는 정책을 갖고 있다. 또한, 학력과 학벌, 성별, 나이, 스펙을 보지 않는다. 그리고 직원들을 교육하는 데 과감하게 투자한다. 직무는 있으나 직위가 없는 조직을 운영한다. 서로 섬기고 평등한 조직 문화를 지향한다. 그러기 위해 사장이 가장 낮은 곳에서 섬기려 노력한다.

R 대표는 IVF 실행이사로 IFES(국제복음주의학생회) 이사로 섬겼으며 후배 청년들을 선교하는 데 열심이다. 이 일을 힘써 돕고 헌신하고 있다. 그녀가 넓히고자 하는 장막터는 단순히 자신과 회사의 소유가 아니다. 그것은 사랑과 섬김의 선한 영향력이며 하나님 나라와 복음의 지평이다.

S 기업의 회사 이름은 사도행전에 등장하는 루디아(Lydia)에서 착

안했다. 루디아는 자색 옷감 장사였는데, 섬유업을 하는 S 기업과 주업종이 같다. 그러나 S 기업은 루디아와 업종만 같은 것으로 만족하지 않는다. 루디아가 보여주었던 믿음과 헌신, 열정을 본받고자 한다.

바울이 선교 중 빌립보에 도착했을 때 처음 만난 사람이 루디아이다. 그녀는 자색 염료 기술자로서 사업을 넓히기 위해 두아디라에서 빌립보로 왔다. 그녀와 그 가족은 세례를 받고 개종하여 유럽 최초의 기독교인이 된다. 그리고 바울 일행에게 자기 집을 제공하여 유럽 최초의 교회인 빌립보 교회가 세워지는 데 큰 역할을 했으며, 바울의 선교를 다방면으로 후원하였다. 루디아는 부유함을 자신을 위해 사용하지 않고 교회를 세우고 선교하는 데 바친 크리스천 기업가의 모범이 되었다.

S 기업은 시대의 흐름에 따라 온라인과 오프라인 비즈니스를 병행하다가 이제는 온라인 비즈니스에 집중하고, 판매 일변도의 사업에서 렌털 사업을 추진하는 등 다양한 변화를 추구하고 있다. 이 회사가 AI 시대에도 적합한 비즈니스 모델을 찾아내고 지속적으로 성장하기를 기대한다. 특히 R 대표와 S 기업이 사업과 선교의 지평을 더 넓혀가며, 그 바람처럼 루디아의 길로 나아가기를 간구한다.

네 시작은 미약하였으나

1장에서 아둘람공동체에 대해 잠깐 이야기했었다. 나는 아둘람공동체를 만들기 훨씬 이전부터 크리스천 청년 사업가들이 경영을 공부하며 서로 기도해주면서 어려움을 나누는 커뮤니티를 만들어야겠다는 계획이 마음속에 있었다. 그 바람을 현실로 옮기는 데 구체적인 동기를 제공한 사람이 T 대표이다.

그는 조명 용품을 수작업으로 제작하는 작은 회사를 운영하고 있었는데, 사업이 좀처럼 성장하지 않자 전문적인 컨설팅을 받아야겠다고 생각했다. 그러다 인터넷 웹사이트를 뒤져 적절한 회사를 찾아보았다. 그리고 KR컨설팅에 전화를 걸어 컨설팅을 신청했다. 그 당시 전화를 받은 우리 회사 직원은 거절하는 게 좋겠다고 판단했다. 이 회사는 비용을 치르며 컨설팅을 받을 수 있는 여력이 없었기 때문이다.

T 대표는 을지로4가의 조명 가게들로부터 주문을 받아 조명 디자인 제품을 납품하는 일을 해왔다. 한 달 평균 20개의 주문을 받으며 단가는 4만~5만 원이라고 했다. 월 매출이 100만 원쯤인 셈이다. 이 상황을 들은 직원은 나에게 "뭐라고 거절할까요?"라고 물었다.

그러나 나는 평소 구상해오던 일을 시작할 때가 되었다는 생각이 들었다. 그래서 T 대표에게 전화를 걸어 "우리 사무실에 방문하시면 식사를 대접하겠다"라고 말했다. 그렇게 해서 만남이 이루어졌다. T 대표는 매우 적극적이고 열정이 넘치는 사람이었다. 사업을 잘하기 위해 부단히 애썼다. 그 모습이 아름다웠다. 나는 아둘람공동체 계획을 밝히고 그녀를 1기생으로 불러들였다.

그러던 어느 날, T 대표가 나에게 고민을 털어놓았다. 지금까지 을지로4가의 조명 가게들을 대상으로 B2B 영업을 하고 있는데, 이제는 직접 실수요자 고객을 만나고 제품을 보여주며 판매도 하고 싶다고 했다. 그런데 이것이 고객과 경쟁하는 셈이 되므로 몹시 망설여진다고 했다.

나는 "을지로4가와 거리가 먼 지역에 전시장을 열면 고객이 겹치지 않으니 그 방법이 어때요?"라고 조언했고, T 대표는 이 말을 들으며 고개를 끄덕였다.

그녀는 적당한 자리를 찾기 위해 이곳저곳을 돌아다녔다. 그러다 마음에 드는 지역을 한 곳 찾았다. 도시의 외곽인데, 공원이 있고 자연 친화적이었다. 그리고 임대료가 저렴했다. 공원 끝부분에 허름한

이층집이 있는데, 용도가 애매해 비어 있는 상태였다. T 대표는 그 집을 임대하고 조명 디자인 제품 전시장을 열었다.

임대료 부담이 낮고 넓은 전시장을 열게 되니 크기가 크고 비싼 제품도 전시할 수 있어 매출 확장에 도움이 되었다. 인테리어 전문 회사에 납품도 시작했다. 사업이 활기를 띠기 시작했다. 그러던 중 선교사 한 분에게 사람을 소개받기로 했다. 같은 신앙을 가지고 비슷한 일을 하는 젊은 사업가이니 서로 친해지면 좋을 것 같다고 했다.

그런데 만나보니 아는 사람, 즉 고객이었다. 거래 관계로 만날 때는 친밀한 대화가 없었는데, 신앙이라는 최고의 공통점으로 이어지면서 둘 사이는 더 끈끈해졌다. 사업의 비전에 관한 대화도 나누었다. 이렇게 T 대표와 U 대표가 만나고 공동으로 회사를 만들게 되었다. 두 사람은 신앙을 바탕으로 작은 사람을 주님처럼 섬기는 기독교 기업을 만들자고 의기투합했다. 이렇게 해서 독특한 모습의 크리스천 비즈니스 공동체가 탄생하게 되었다. 두 대표는 각자 분야와 역할을 정해서 맡은 일에 최선을 다했고, 도울 일이 있으면 열성적으로 도왔다.

두 사람의 사업 근거지는 조명 디자인 제품 전시장이었다. 그곳에서 그들이 만든 제품을 전시하고 실수요자 고객도 맞이하고 인테리어 사업자들과도 만났다. 전시장이자 미팅이 이루어지는 장소였다. 그런데 멋진 조명 디자인 제품을 배치해 실내가 아름다운 공간이 별 쓰임 없이 방치될 때가 많은 게 아쉬운 점이었다. 두 사람은 의논 끝에 커피숍을 겸하기로 결정했다.

커피 향이 퍼지면서 전시장 분위기는 한결 좋아졌는데, 한 가지 문제가 생겼다. 동네 아줌마들이 오전 일찍부터 와서 오후 늦게까지 자리를 차지하고 있는 것이었다. 그러나 생각을 바꾸니 이들도 섬겨야할 고마운 고객이었다. 조명 디자인 제품을 사는 기존 고객은 아니지만, 새로운 방식으로 자신들에게 소중한 매출을 제공하고 있었다. 이분들을 더 적극적으로 받아들이기로 했다. 이들이 간단한 점심을 할수 있도록 식사 메뉴도 만들었다. 이렇게 해서 카페 사업을 본격화하게 되었다.

조명 디자인 제품을 전시하는 데서 나아가 커피와 음식을 판매하고 공간 임대도 하다 보니 인테리어를 보완할 필요가 생겼다. 가난한예술가들이 만든 가구, 그림, 도자기, 기타 소품을 전시하기로 했다.그러자 카페에 방문하여 둘러보던 사람이 그 물건들의 가격을 물어보기 시작했다. 그래서 가격표를 붙이고 디자인 작품을 본격적으로 판매하게 되었다. 숍인숍(Shop-in-Shop) 개념의 비즈니스가 커갔다. 이러한 사업 확장 과정에서 기존 기업이 지주회사가 되어 산하에 법인이 여러 개 만들어졌다. 채용하는 직원 수도 늘었다.

이 회사는 지역사회와 밀착해 이웃을 섬기며 선교하고, 어려운 처지의 사람을 직원으로 받아들여 이들을 섬기는 데 헌신했다.

위기에 처한 사람들, 내세울 것 하나 없이 어려운 사람들이 이 회사의 직원이 되었다. 보육원을 막 독립한 청년, 집 없이 노숙하며 떠

돌던 사람들, 신용불량으로 극단적 생각을 하던 사람들, 빚에 몰려 파산한 사람들이 소개를 받아 회사에 들어왔다. 이들은 다시 시작하고자 하는 의지가 강했다.

그들은 직원들을 대상으로 체계적인 크리스천 재정교육 프로그램을 만들었다. 매주 토요일 8시간씩 10주간 교육을 진행했다. 돈 문제로 고통을 겪는 직원들에게 재정교육은 절망의 깊은 물속에서 발견한 밧줄과 같았다.

"사랑의 빚 이외에는 빚 지지 말자"라는 모토로 근검과 저축을 강조하고 월급 중 일부를 떼어내 부채를 갚아가는 '빚 갚기 프로그램'은 가난과 빚에 몰려 절망하던 이들에게 변화의 계기가 되었다.

이 회사 직원들이 자신의 빚 갚기 사례를 발표하는 것을 본 적이 있다. 그 하나하나가 은혜로운 간증이었다. 재정 지식이 부족해서 가족의 부채, 사회보험료, 세금 등을 짊어지고 고통을 받다가 재정교육을 받으며 문제를 해결하고 새로운 희망을 품게 된 사례가 다수였다. 그리고 회사가 제공한 상환 플랜에 따라 부채를 해결해가며 자립 기반을 쌓았다며, 미래 희망을 말하는 모습이 감동적이었다.

이 회사에서 직원들은 단순히 일을 시키고 업무 효율성을 높이기 위해 관리해야 하는 대상이 아니다. 그들은 섬김의 대상이며 공동체의 일원이다. 이들 중에 새로운 사업을 맡을 경영자와 창업자가 나온다. 이들이 회사의 정신을 이어받아 직원들을 고용하고 길러내며 확장하게 될 것이다.

이 회사는 그들이 뿌리를 내리고 있는 지역사회를 섬기며 선교하는 데 열심이다. 그들은 문화와 음식, 환대를 통해 이웃의 일상에 스며드는 방식을 선택했다. 회사가 주관하여 매년 봄·가을 두 차례 지역사회와 함께하는 축제를 연다. 카페 전 공간을 주민과 이웃에게 개방하고 이들을 초청하여 버스킹 공연, 로컬 마켓, 오픈 마이크 무대, 체험 클래스, 먹거리 장터 등 다양한 프로그램을 운영한다.

이 회사는 지역 내 그리스도인들이 일상에서 예배자로 살아가도록 돕는 '미셔널 라이프' 사역을 지향한다. 자신들을 '일터 선교사'로 자처하며 보여주는 복음, 삶으로 드리는 예배를 고민한 끝에 '축제'라는 방식에 다다랐다고 한다. 회사가 여는 축제의 주제는 '삶이 예배 되는 공간'이다.

그리고 이 회사가 위치한 골목은 아름다운 야외 예술 전시장이 되었다. 그리고 지역 주민에게 문화 공연이나 예술 전시회를 위한 장소를 제공하며 진행을 돕기도 한다.

어느 날 한 사람이 이 카페를 찾았다. 그는 카페 인근에 농장과 큰 건물을 소유한 사람이었다. 그는 이곳을 찾는 사람들이 늘고, 주민들이 기뻐하며 활기를 찾는 모습을 보며 행복했다. 그는 고마운 마음에 이 회사를 위해 무언가 하고 싶었다. 그리고 문득 임대 기간이 끝나면 그들이 떠날지도 모른다는 생각이 들었다. 그는 싼 가격과 장기 분할 조건으로 자기 부동산을 임대하도록 했다.

주민들의 칭찬과 사랑을 받으며 성장한 공간은 '카페'에서 '공동체'

로 커가고 있다.

이 회사는 매우 독특한 조직이다. 비즈니스 기업이라기보다는 생활공동체에 가깝다. 또한, 이들은 일터 교회를 운영하며 선교사를 파송한다. 기업과 공동체, 교회가 한데 어우러진 새로운 형태와 방식으로 직원들을 섬기며 변화시키고, 지역사회를 섬기며 변화시킨다. 최근에는 교도소 재소자들을 돕는 사역과 이들을 위한 일자리 창출을 위해 반찬가게를 인수하여 운영하는 일을 시작하였다.

삶으로 드리는 예배를 통해 선교의 지평을 넓혀가는 그들의 도전을 응원한다.

"이같이 너희 빛이 사람 앞에 비치게 하여 그들로 너희 착한 행실을 보고 하늘에 계신 너희 아버지께 영광을 돌리게 하라"(마태복음 5:16)

돌산에서 자라는 나무

2025년 9월 초에 중앙아시아를 방문하였다. 내가 소속된 비즈니스 선교단체와 관련된 기업들을 직접 방문하여 현황을 점검하기 위해서였다. 여러 사업장을 둘러보고 이야기를 들으며 내가 너무나 편안한 환경에서 예수를 믿고 태만하게 사업하고 있음을 깨닫고 스스로 돌아보게 되었다. 그곳은 거룩한 선교 현장인 동시에 치열한 비즈니스의 현장이었다. 그곳에서 크고 작은 기업을 경영하며 복음을 전하는 분들의 한마디 한마디는 놀라운 간증이었다. 내가 컨설턴트로서 자문을 하기보다는 오히려 이들에게서 경영을 배우는 시간들을 가졌다.

네덜란드에 본사가 있는 농업 기업 더치 네이처(Dutch Nature)가 투자한 오아시스 아그로(Oasis Agro)는 특히 큰 도전을 주었다. 이 회사 경영자 마이카(Micah)는 BAM(Business As Mission)에 헌신한 인물이다. 그는 키르기스스탄 여행 중 이곳에서 기업을 통한 선교의 역사가 일어나는 것을 보고 삶의 방향에 대해 결단했다고 한다.

그리고 2014년에 미국인 목회자 한 사람과 함께 양계장을 운영했는데, 갑자기 시장에 싼 달걀이 밀려 들어오면서 불과 하루 만에 모든 것을 잃었다고 했다. 충격이 컸던지 7월 15일이라는 날짜까지 정확히 기억하고 있었다. 이때 그는 선교의 열정만으로는 기업을 잘 운영할 수 없다는 것을 절실히 깨달았고 차근차근 경영을 훈련받으며 재기의 발판을 마련하였다.

그는 전문 기술과 자본을 결합하여 조직하고 장기 비전과 목표에 입각하여 단계적으로 사업을 성장시켰다. SFK(Synergy for the Kingdom)의 온라인 교육 프로그램에 참여하여 본격적으로 경영을 공부하고, 이 단체의 제프리 리 장로님을 비롯한 분들의 협력과 후원을 받았던 것이 큰 도움이 되었다.

마이카는 적당히 주먹구구식으로 일하는 게 아니라, 어떤 분야든 최고 수준의 전문성을 추구하였다. 첫 단계 사업은 양계용 사료였다. 닭의 성장 단계에 따라 최적화된 사료를 공급할 수 있도록 곡물과 모래 등의 배합 비율을 연구하고 네덜란드산 최첨단 사료 배합기를 수입하여 생산과 포장을 시스템화했다. 그 결과 원가는 낮아지고 품질은 좋아졌다. 월등한 생산성을 바탕으로 현지 양계 사료 시장을 장악하였다.

마이카는 사료 사업에서의 성공에 들뜨지 않았다. 첫 계단을 밟았을 뿐이기 때문이다. 이어서 다음 단계로 나아가려 한다. 현지 사업에서 가치사슬을 더 크게 하며 산업 생태계 전체로 영향력을 확대하려 한다. 농산물 경작, 양계장, 사료 공급업체, 달걀과 육계 판매점 등으로 사업을 넓혀나가고 있다. 그리고 국경을 넘어 인근 국가로 진출할 계획이다.

이 과정에서 함께하는 업체들은 모두 선교 기업이다. 이렇게 곳곳에 선교의 거점과 재원이 구축된다. 그리고 지역의 사람들을 고용하고 함께 일하며 선하게 대해줌으로써 크리스천이 무엇인지를 알려주고 그 뒤에 계신 위대한 주님을 직접 경험하도록 한다. 선교 자체가 불법인 나라에서 자연스럽게 선교가 이루어지는 것이다. 사업적 성장과 선교의 확장이 동시에 이루어진다.

더치 네이처와 오아시스 아그로의 사업 방식은 나에게 큰 도전을 주었다. '이렇게 사업해야 망하지 않고 진정한 성장을 이룰 수 있겠구나.' 사업 생태계를 넓히고 성장하면서 선교의 지경을 확장한다는 비전, 그 비전을 이루기 위한 단계적 목표, 각 사업과 여러 업무 영역에서 최고의 전문성 실현, 이를 위한 헌신과 협력, 성실함…. 무엇보다 하나님께서 이끄시고 도와주실 뿐 아니라 직접 경영하신다. 이 기업들이 잘되지 않을 수 있을까?

"야베스가 이스라엘 하나님께 아뢰어 이르되 주께서 내게 복을 주시려거든 나의 지역을 넓히시고 주의 손으로 나를 도우사

나로 환난을 벗어나 내게 근심이 없게 하옵소서 하였더니 하나님이 그가 구하는 것을 허락하셨더라"(역대상 4:10)

중앙아시아 현지에서 기업을 운영하며 사역하시는 목사님 한 분을 뵈었다. 사업과 사역을 훼방하는 것이 한둘이 아니었다. 그야말로 모든 게 난관이었다. 특히 부패한 지역 관료가 과도한 세금을 책정하여 압박하는 바람에 심한 마음고생을 하셨다.

한번은 이 목사님이 너무 지치고 힘들어 인근 산을 보았는데, 거친 돌산에 나무 한 그루가 자라는 것이 눈에 들어왔다. 이 모습에서 하나님의 은혜와 공급하심을 느끼며 큰 위로를 받았다고 한다. 그러다 세금 문제로 심한 괴롭힘을 당하던 날, 그 나무가 있는 돌산을 오르며 간절히 기도했다고 한다.

그렇게 돌아왔는데, 몇몇 사람들이 목사님께 물었다고 한다. "산에 오르시는 걸 보았습니다. 그런데 옆에 동행한 분은 누구인가요?" 분명히 목사님 혼자 산에 올랐다. 이 광경을 한 사람만 본 것은 아니니, 착각하거나 헛것을 본 것은 분명 아니다. 주님께서 험난한 산길을 동행하셨던 것이다. 그 이후 도저히 풀리지 않을 것 같았던 세금 문제가 자연스럽게 해결되었다. 외국인이 그 나라에 투자하여 실질적으로 기여한 실적을 인정한 세무 당국과 정부 측의 배려로 과도한 세금 책정이 사라졌기 때문이다.

"내가 산을 향하여 눈을 들리라 나의 도움이 어디서 올까"(시편 121:1)

최근 선교와 비즈니스가 결합한 모습을 보인다. 목회자 신분으로는 접근하기 어려운 이슬람 국가, 공산권 국가 등 창의적 접근 지역(Creative Access Nations)에서 비즈니스라는 합법적인 신분으로 활동하며 선교의 문을 연다. 그리고 선교 자금을 마련하기 위한 수단으로서 사업을 펼치기도 한다. 이 사역에서 '선교'에 방점을 찍는 게 일반적이다. 그것이 당연하다. 그러나 그렇다고 해서 사업을 적당히 하면 안 된다. 사업도 잘해야 한다. 그래야 현지 교회가 외부 후원 없이도 재정적으로 자립할 수 있는 모델을 제시하며 현지인을 고용하고 훈련시켜 일자리를 창출하고 선한 영향력을 끼칠 수 있다. 그리고 크리스천 기업가들이 성경의 가르침에 따라 이웃 사랑을 실천하고, 투명한 경영과 나눔을 통해 현지 사회를 변화시키며 그들을 복음으로 이끌 수 있다.

사업은 그 자체로 선교가 된다. BAM 즉, Business As Mission이다. 비즈니스 활동 전 과정(의사결정, 재정 집행, 인간관계 등)에서 기독교적 가치와 세계관을 실천하며 복음을 전한다. 이는 신앙과 삶, 일터의 모든 영역을 통합하여 영적·경제적·사회적·환경적 변화를 이루는 총체적 선교(Holistic Mission)이다.

험지에서의 BAM은 상상하기 어려울 정도로 척박한 환경에 맞선다. 대부분 선교가 불법이니 사역이 힘든 것은 말할 필요도 없다. 사업도 어렵다. 자원이 부족하고 시장은 좁으며 매출이 미미하고, 현지 정부의 감시와 통제, 심지어 노골적인 방해에 시달리기도 한다. 각종 인허가와 세금 등의 문제로 근심에 빠질 때도 많다.

그러나 이런 환경에서도 기업을 성장시키며 선교의 영역을 확장하는 기업들이 있다. 우리는 이들 기업에서 사업과 경영의 진수를 배울 수 있다. 크리스천으로서 사업을 한다는 게, 기업을 경영한다는 게 어렵고 고생스럽게 느껴질 때, 돌산에서 나무를 키우듯 기업을 일구는 BAM 기업들을 떠올려보라. 이들도 사업을 키우고 있는데, 우리가 못 할 것이 없다. 그리고 더 나아가 이들 기업을 직간접적으로 투자하고 후원하는 데까지 성장하기를 바란다.

3장

사업이라는 이름의 소명

가시채 뒷발질하지 말라

사도 바울이 회심하기 전 그는 그리스도인을 핍박하는 데 열심이었다. 이것을 자신의 사명처럼 여겼다. 그는 다메섹의 그리스도인을 체포할 계획으로 길을 나섰다. 그 도상에서 주님의 음성을 들었다.

"사울아 사울아 네가 어찌하여 나를 박해하느냐 가시채를 뒷발질하기가 네게 고생이니라"(사도행전 26:14)

가시채(ox goad)는 뾰족한 막대기, 자극봉을 말한다. 농부가 소나 말을 앞으로 나아가게 하려고 뒤에서 살짝 찌르던 도구다. 그런데 소가 아프다고 뒷발질을 하면, 뾰족한 가시채에 오히려 자기 발을 찍게 된다. 이때 농부가 다치지 않는다. 소가 다친다. 거스르는 사람이 상처받는다. 예수께서는 이렇게 말씀하시는 것이다.

"사울아, 네가 지금 나를 거역하고 있는데, 결국 아픈 건 너 자신
이다."

컨설팅이나 강연을 하면서 크리스천 경영자들을 많이 만난다. 그
중 이렇게 말하는 사람이 더러 있다. "열심히 하는데, 일이 더 꼬입니
다." "최선을 다하고 있는데, 결과가 왜 이러지 모르겠습니다." "분명히
될 수밖에 없는 일인데, 일이 왜 이렇게 흘러가는지 모르겠습니다." 이
분 중 상당수는 아직 이유를 알 수 없는 고난과 연단을 겪고 계신다.

그러나 그와는 다른 안타까운 경우도 있다. 잘못된 방향으로 가
고 있는 것이다. 주님의 이끄심과 정반대로 향하기 때문에 고생스러
운 것이다. 회심하기 전 바울이 그랬다. 그의 열심은 대단했지만, 하
나님의 계획과 반대 방향이었다. 그는 '나는 옳은 일을 최선을 다해서
하고 있다'고 생각했을 것이다. 하지만 그의 열심은 하나님의 뜻을 거
스르는 뒷발질이었고 이는 자신에게 상처를 내는 행동이었다.

크리스천 경영자 중 어떤 사람은 이신론자같이 행동한다. 이신론
(理神論, Deism)은 하나님의 존재는 인정하지만, 그 신이 세상을 창조
한 이후에는 인간 역사나 일상사에 직접 개입하지 않는다고 보는 사
상이다. 시계를 만든 후에 더 이상 손대지 않는 시계공처럼, 하나님께
서 기적을 일으키거나, 기도에 응답하거나, 계시를 주지는 않는다고
생각한다.

이신론적 경향의 크리스천 경영자들은 명백하게 하나님의 역사를 부정하지 않지만, 유독 사업의 영역에서는 하나님의 뜻이 미치지 않는 것처럼 여긴다. 말씀대로 사업하고 경영하라는 내용의 설교를 들으면 "목사님이 경험해보지 않고 몰라서 저런 말씀을 하는 거야. 사업은 그렇게 단순하지 않아"라고 말하기도 한다. 신앙생활을 잘하는 것과 사업을 잘하는 것은 별개라 여기고 사업을 잘할 수 있는 '별도의' 방법을 찾아서 실천하고자 애쓴다. 때로는 불의와 타락이 뒤섞인 관행을 어쩔 수 없다며 받아들인다.

어떤 분들은 사업이 잘 안 되어 고통과 절망에 빠진다. 닥쳐오는 난관에 두려움을 느낀다. 단잠을 이루지 못하고 늘 스트레스에 시달린다. 가끔은 "이 위기를 넘게 해주십시오"라고 기도하지만, 자신이 뜻한 대로 결과가 이루어지지 않으면 하나님의 개입을 불신하거나 원망한다.

또, 어떤 분들은 사업 성공의 결과를 즐긴다. 이것을 자신이 땀 흘려 노력한 데 대한 당연한 보상이라 간주한다. 성공의 과실을 소유하고 처분할 권리가 자기 자신에게 있다고 믿는다. 높고 화려한 곳에서 마음껏 권위를 누리고 섬김을 받으며 소비의 행복을 만끽한다.

사업이 잘되는 분들이든, 사업이 잘 안 되는 분들이든 하나님의 뜻을 떠났다면 결과는 매한가지다. 진정한 사업의 성공을 보지 못하며 진정한 평강을 누릴 수 없다. 가시채를 뒷발질하며 피를 흘리고 고생만 한다.

228

그리스도인의 고난은 하나님의 훈련이며 선물이지만, 자신의 명백한 잘못으로 인한 고난도 있다. "너희 중에 누구든지 살인이나 도둑질이나 악행이나 남의 일을 간섭하는 자로 고난을 받지 말려니와"(베드로전서 4:15)라는 말씀처럼 나의 범죄로 고난을 자초하는 일은 없어야 한다.

> "죄가 있어 매를 맞고 참으면 무슨 칭찬이 있으리요 그러나 선을 행함으로 고난을 받고 참으면 이는 하나님 앞에 아름다우니라"(베드로전서 2:20)

혹 내가 겪는 고통과 외로움, 허무와 빈곤이 가시채를 뒷발질하는 데 따른 게 아닌지를 돌아보아야 할 것이다.

나는 경영을 '소명'이라고 여긴다. 이는 목회자나 선교사의 소명과 다른 바 없다. 사람과 기회, 자본과 시간을 잘 관리하여 하나님 나라를 확장하는 선교적 사명을 받은 것이다. 크리스천 경영자는 사람을 살리고, 공동체를 세우며, 사회에 선한 영향을 미치도록 부름받은 존재다.

이 사명을 인식하고 선교적 비전을 세우고 거룩한 목표를 설정하며, 직원과 이해관계자들을 섬기고 유익을 끼치며 성실하게 책임을 다할 책무가 주어졌다.

나를 향하신 하나님의 계획을 발견하고자 기도하며 하나님을 떠나지 않아야 한다.

혹 당신은 소명을 거절하고 사명을 외면한 채 다른 방향으로 달려가고 있지는 않은가? 하나님의 음성에 귀를 닫고 명백한 진리 앞에 눈을 감고 있지 않은가? 꼭 성찰해보아야 한다.

앞에서 내가 숱한 실책을 범하며 일해온 과정을 털어놓았다. 그리고 여러 명의 크리스천 경영자들의 이야기도 나누었다. 그 모든 이야기에는 공통점이 하나 있다.

인생의 혁신은 하나님을 만날 때 시작된다. 진정한 경영 혁신은 일터에서 하나님을 만날 때 시작된다. 사업을 잘하고 싶다면, 변화와 혁신을 이루고 성장하고 싶다면 먼저 하나님을 만나고, 그분의 뜻 안에 들어가야 한다.

하나님께서 거룩한 경영자로서 당신을 부르신다. 이 부르심을 거절하고 딴 방향으로 향하지 마라. 가시채를 뒷발질하면서 스스로 고통받을 뿐이다.

"높음이나 깊음이나 다른 어떤 피조물이라도 우리를 우리 주 그리스도 예수 안에 있는 하나님의 사랑에서 끊을 수 없으리라"(로마서 8:39)

당신의 일에서 최고가 되라

"무슨 일을 하든지 마음을 다하여 주께 하듯 하고 사람에게 하듯 하지 말라"(골로새서 3:23)는 말씀은 맡겨진 일을 대하는 그리스도인의 자세와 태도에 대한 것이다. 그리고 나는 이 말씀에서 어떤 분야에서든지 최고가 되기 위해 노력하라는 명령을 읽는다. 실제로 나는 강의나 컨설팅을 할 때 '월드 베스트', '세계 1등'이라는 용어를 즐겨 쓴다.

이것이 세상의 평가를 중시하며 경쟁을 부추기는 비신앙적 태도라고 여길 수도 있을 것이다. 모든 것을 하나님께 맡기라고 조언한 것과 모순된다고 느끼는 분도 있을 수 있다. 하지만 그렇지 않다.

기독교 신앙은 겸손과 내려놓음을 강조한다. 그로 인해 '최고가 되려는 노력'은 신앙과 상충되는 욕망처럼 오해받기도 한다. 세상적 성공을 경계하라는 메시지가 어느새 능력의 추구 자체를 의심하게 만든 것이다. 그러나 성경이 말하는 겸손은 무기력이나 자기 포기가 아니다. 그것은 자기 영광이 아니라 하나님을 목적에 두는 태도이며, 오히려 그 태도는 삶의 모든 영역에서 더 높은 책임감을 요구한다.

기독교 신앙은 인간을 현실로부터 분리시키지 않는다. 반대로 신앙은 인간을 가장 깊이 현실 속으로 밀어 넣는다. 일터, 시장, 조직, 기술, 숫자, 계약서, 일정표 속으로 들어가게 한다. 예배당 안의 경건뿐만 아니라 일상의 노동, 반복되는 업무, 때로는 지루하고 보람 없어 보이는 일에서도 최고가 되기 위해 노력해야 한다. 하나님께 드리는 일이라면, 그 일은 언제나 최선을 요구한다.

기독교인이 말하는 '최고'는 단순히 1등을 의미하지 않는다. 그것은 자신에게 맡겨진 역할에 대해 더 이상 변명하지 않는 상태에 가깝다. 준비할 수 있었는데 하지 않았다는 후회가 남지 않도록 준비하는 것, 알 수 있는 모든 것을 배우고 공부하려는 태도, 주어진 사명을 회피하지 않고 모두 책임지려는 자세…. 이 모든 것이 신앙적 탁월함에 포함된다.

탁월함은 재능보다 태도에 더 가깝다. 최고는 실력, 성실, 책임감, 그리고 신뢰의 총합이다. 자신의 전문성을 끊임없이 연마하고, 맡은 일의 수준을 스스로 낮추지 않으며, 결과에 대해 책임지는 태도는 신앙의 외적 증거가 된다. 세상은 말보다 결과를 통해 신앙의 진정성을 평가한다. 일터에서 신뢰받지 못하는 신앙은 공허한 외침으로 남기 쉽다.

신앙과 일의 관계를 오해할 때, 기독교인은 두 가지 극단에 빠지기 쉽다. 하나는 '믿음만 있으면 된다'는 영적 단순화이고, 다른 하나는 '일은 세속적인 것'이라는 이분법이다. 그러나 성경의 인물들은 이렇게 분리하지 않았다. 그들은 하나님을 믿는 사람인 동시에 뛰어난 행정가였고, 전략가였으며, 장인이었고, 지도자였다. 그들의 신앙은 일을 대체하지 않았고, 오히려 일을 통해 증명되었다. 요셉은 형제들의 미움을 받아 노예로 팔려갔지만, 가는 곳마다 지혜와 유능함을 발휘하였고 주변 사람들에게 유익을 끼쳤다. 다니엘은 바벨론과 페르시아 제국이라는 낯선 체제 속에서도 탁월한 행정 능력으로 인정받았다. 성경은 그 이유를 "마음이 민첩하고 지식과 총명이" 있기 때문이라고 기록한다. 그들의 탁월함은 신앙을 숨기기 위한 전략이 아니라, 신앙이 만들어낸 삶의 결과였다. 하나님을 경외하는 태도가 그의 일 처리 방식, 판단력, 성실함 속에 자연스럽게 스며 있었던 것이다.

탁월함은 신앙을 과시하는 도구가 아니다. 오히려 탁월함은 신앙을 숨기지 않아도 되는 상태를 만든다. 말하지 않아도 신뢰받는 사람, 설명하지 않아도 맡길 수 있는 사람, 약속을 지키는 것이 특별하지 않은 사람은 그 존재 자체가 질문을 낳는다. "왜 이 사람은 이렇게 일하는가?" 그 질문이야말로 신앙이 세상과 만나는 가장 건강한 지점이다.

기독교인이 자신의 분야에서 실력을 키우는 일은 자기 성취를 위한 집착이 아니라, 이웃 사랑의 구체적 방식이기도 하다. 서툰 판단,

무책임한 실행, 준비되지 않은 결정은 결국 타인의 시간과 삶을 소모시킨다. 반대로 높은 전문성과 성실함은 말없이 이웃을 보호한다. 유익을 끼친다. 좋은 결과는 선한 의도를 실제로 작동하게 만든다. 사랑은 감정이 아니라 결과로 증명된다.

일본 제조업체에 연수를 갔을 때 기술자들이 용접하는 장면을 본 적이 있었다. 그런데 당연히 튀어야 할 불빛이 보이지 않았다. 처음에는 특별한 도구를 사용하는 것이라 짐작했다. 그러나 그들은 똑같은 도구와 재료를 사용했다. 오랜 노력과 훈련, 학습의 결과였다. 나는 그리스도인이라면 저렇게 일해야 한다고 생각했다. 그리고 나도 내 분야에서 그들처럼 되리라 결심했다.

성경은 게으름을 비난하고 성실한 삶을 권한다. 게으름을 단순한 생활 습관의 문제로 다루지 않는다. 그것을 신앙과 책임의 문제로 다룬다. 잠언은 "게으른 자는 말하기를 사자가 밖에 있은즉 내가 나가면 거리에서 찢기겠다 하느니라"(잠언 22:13)라며 게으른 사람이 변명하는 것을 지적한다. 게으름이 환경 때문이라는 말은 책임을 피하기 위해 스스로 만들어낸 핑계이다. 게으름은 상황이 아닌 태도의 문제다.

사도 바울은 더 단호하게 말한다. "누구든지 일하기 싫어하거든 먹지도 말게 하라"(데살로니가후서 3:10)라는 말씀은 노동의 가치를 절대화하려는 선언이 아니라, 공동체 안에서 책임을 회피하는 태도에 대한 경고다. 기독교 신앙은 은혜를 무책임의 근거로 사용하지 않는다. 오히려 은혜는 더 분명한 책임으로 사람을 이끈다.

게으름은 개인에게만 해가 되지 않는다. 바울이 염려한 것은 게으름이 공동체의 질서를 무너뜨린다는 점이었다. 그는 "너희 가운데 게으르게 행하여 도무지 일하지 아니하고 일을 만들기만 하는 자들이 있다 하니"(데살로니가후서 3:11)라고 지적하며 게으름이 신앙의 이름으로 공동체에 부담을 준다는 사실을 확인한다. 성경은 근면을 미덕으로, 게으름을 경계의 대상으로 반복해서 제시한다.

게으른 사람의 밭에는 가시덤불이 가득하다(잠언 24:30-31). 관리하지 않은 밭은 저절로 망가진다. 마찬가지로 맡겨진 일과 책임도 돌보지 않으면 황폐해진다. 신앙인은 시간을 방치할 자유가 없다. 삶은 맡겨진 것이기 때문이다.

기독교인이 게으름을 피해야 하는 이유는 성취를 위해서가 아니라, 청지기로서의 정체성 때문이다. 하나님 앞에서 맡겨진 시간, 재능, 자리는 사용해야 할 선물이지 미뤄둘 소유가 아니다. 게으름을 경계하는 것은 자기 관리의 문제가 아니라, 신앙의 진실성을 지키는 일이다.

이와 반대로 그리스도인에게 성실은 신앙을 실현하는 한 방식이다. "여호와를 의뢰하고 선을 행하라 땅에 머무는 동안 그의 성실을 먹을 거리로 삼을지어다"(시편 37:3)라는 말씀을 기억해야 할 것이다.

그리스도인 경영자는 자기 일에 최선을 다하며 최고가 되기 위해 부단히 노력해야 한다. 기업을 잘 경영하기 위해 부단히 공부하고 효과적인 방법을 찾아야 한다. 신기술과 신공법을 연구하고 세계 최고의 제품과 서비스를 가장 효율적으로 공급하는 체계를 만들어야 한다. 자기 분야의 최고가 되어야 한다.

물론 최고를 지향하는 길에는 늘 유혹이 따른다. 성과가 정체성을 삼키고, 경쟁이 목적이 되며, 비교가 신앙을 잠식할 수 있다. 그래서 기독교인의 탁월함에는 방향성이 필요하다. "내가 얼마나 앞서 있는가"가 아니라 "이 일이 누구를 살리는가"를 묻는 태도가 그것이다. 성과는 목표가 아니라 부산물이어야 하며, 성공은 신앙의 증거가 아니라 책임의 확대일 뿐이다.

기독교인은 모든 사람이 반드시 뛰어난 자리에 올라야 한다고 주장하지 않는다. 그러나 각자에게 맡겨진 자리에서 의도적으로 수준을 낮추는 태도는 신앙과 어울리지 않는다고 믿는다. 하나님은 인간에게 달란트를 동일하게 주지 않으셨지만, 그것을 사용하는 책임은 동일하게 요구하셨다. 문제는 얼마나 많이 받았는가가 아니라, 얼마나 성실히 사용했는가이다.

최고를 지향하는 기독교인의 삶은 이렇게 말한다. "신앙은 도피가 아니라 참여이며, 기도는 노력을 대신하지 않고, 은혜는 기준을 낮추지 않는다. 그리고 그 고백은 말이 아니라, 매일의 업무 속에서 조용히 증명된다."

범사에 하나님을 인정하라

이스라엘군이 블레셋군과의 전투에서 거인 용사 골리앗의 등장으로 두려움에 빠졌을 때 어린 다윗이 자청하여 나섰다. 그는 이렇게 외쳤다.

"전쟁은 여호와께 속한 것인즉 그가 너희를 우리 손에 넘기시리라"(사무엘상 17:47)

다윗은 거인을 거꾸러뜨렸다.

여호사밧 왕 재위 때 모압과 암몬의 연합군이 유다를 침공하려 할 때 사람들은 공포에 빠졌다. 그때 한 선지자에게 말씀이 임했고 그는 이렇게 선언했다.

"너희는 이 큰 무리로 말미암아 두려워하거나 놀라지 말라 이 전쟁은 너희에게 속한 것이 아니요 하나님께 속한 것이니라"(역대하 20:15)

유다 백성들은 두려움을 떨치고 찬송하며 나아갔고 기적적인 승리를 거두었다.

우리는 이 두 사건을 성경을 통해 잘 알고 있다. 그러나 이 일이 한때 일어난 기적이며, 우리가 속한 현실에서는 재현되지 않는다고 여기는지도 모르겠다. 온 우주의 모든 것과 모든 사건이 하나님께 속한다고 고백하면서도 압도적인 적군과 마주한 전쟁터에서는 이 중요한 사실을 잊곤 한다. 그때마다 신앙의 인물들은 외쳤다. "전쟁은 하나님께 속한 것이다!"

현대 비즈니스는 곧잘 전쟁에 비유된다. 사실 사업과 전쟁은 비슷한 점이 많다. 그래서인지 군사 용어를 경영 용어로 그대로 사용하며 경영학은 병법과 군사학을 즐겨 차용한다.

전쟁이 하나님께 속한 것이듯, 사업도 하나님께 속한 것이다. 크리스천 경영자는 이 사실을 한시도 잊어서는 안 된다.

사업이 하나님께 속해 있다는 말은 종종 추상적인 언어로 들린다. 교회 안에서는 고개를 끄덕이지만, 회의실이나 재무제표 앞에서는 쉽게 잊히는 고백이기도 하다. 그러나 이 고백은 감정의 표현이 아니라 소유권에 대한 선언이다. 사업의 주인이 누구인가에 대한 확인이며,

경영의 최종 책임이 어디에 있는가에 대한 인식이다.

대부분의 경영자는 사업을 자신의 것으로 여긴다. 아이디어를 냈고, 자본을 투자했으며, 위험을 감수했기 때문이다. 그래서 사업이 잘되면 자신을 증명한 것처럼 느끼고, 어려워지면 모든 부담을 혼자 짊어지려 한다. 이때 경영자는 숫자와 경쟁, 속도와 효율에 매몰되기 쉽다. 사업은 점점 황폐해지고 경영자는 고립된다.

성경 속 전쟁 기사가 오늘의 경영자에게 낯설지 않게 다가오는 이유가 여기에 있다. 전쟁은 늘 불확실하고, 상대는 강해 보이며, 실패의 대가는 치명적이다. 다윗과 여호사밧의 사례에서 중요한 것은 전략이나 병력의 크기가 아니다.

그들은 싸움의 주인이 자신이 아니라 하나님이라는 사실을 분명히 인식했다. 그 인식이 두려움을 밀어내고 행동을 가능하게 했다.

현대의 사업 현장에서도 비슷한 장면이 반복된다. 한 중견 제조업체가 있다. 이 회사는 대기업 단일 거래처에 매출의 절반 이상을 의존하고 있었다. 어느 날 그 거래처의 핵심 관리자 한 사람이 거액의 뒷돈을 요구하며 들어주지 않는다면 계약이 종료될 수 있다고 말했다. 회사 내부에서는 불의한 요구지만 받아들여야 한다는 의견이 우세했다. 당장 매출 공백이 생기면 회사가 흔들릴 수 있기 때문이다.

그러나 이 회사의 대표는 멈췄다. 단기 생존을 위해 불의한 일에 동참하는 게 옳지 않기 때문이다. 그리고 이 기회를 이용해 회사의 방향을 다시 정의했다. 이 사업은 숫자를 유지하기 위한 수단이 아니라,

정직한 방식으로 가치를 만드는 과정이어야 한다고 판단했다. 결국 그는 불의한 요구를 거절했다. 그 회사와의 거래는 중단되었고, 단기적으로는 매출이 줄었다. 그러나 이후 거래 구조를 분산시키고 기술 경쟁력을 강화하면서 오히려 더 안정적인 성장을 이루었다. 결과적으로 그 결정은 회사를 살렸다.

이 사례는 신앙적 결단을 미화하기 위한 이야기가 아니다. 중요한 것은 그 결정의 출발점이다. 이 사업의 주인이 자신이 아니라는 인식, 그래서 당장의 두려움보다 방향과 원칙을 우선한 태도다. 사업이 하나님께 속해 있다는 믿음은 이런 순간에 현실적인 힘을 발휘한다.

또 다른 사례가 있다. 한 IT 스타트업은 빠른 성장을 위해 공격적인 마케팅과 과도한 근무를 선택할 수 있는 상황에 있었다. 투자 유치를 앞두고 숫자를 만들어야 했기 때문이다. 그러나 경영진은 조직의 소진과 왜곡된 성과 지표가 장기적으로 회사를 망칠 수 있다는 사실을 알고 있었다. 그들은 속도를 늦췄고, 투자 일정도 조정했다. 외부에서는 기회를 놓쳤다고 평가했지만, 내부에서는 조직이 살아남았다. 이후 이 회사는 지속 가능한 구조를 갖춘 기업으로 인정받았다.

이 결정 역시 계산의 결과이기도 하지만, 동시에 신앙의 태도이기도 하다. 하나님께 속한 사업이라면, 성공의 정의는 단기 성과가 아니라 올바른 과정이어야 한다는 믿음 때문이다.

사업이 하나님께 속해 있다는 인식은 경영자의 태도를 근본적으로 바꾼다. 먼저, 결과에 대한 집착에서 자유로워진다. 결과를 가볍게 여긴다는 뜻이 아니다. 결과를 책임지되, 그것을 절대화하지 않는다는 의미다. 주인이 하나님이라면, 경영자는 최선을 다하는 청지기일 뿐이다. 이 인식은 과도한 불안과 조급함을 누그러뜨린다.

또한, 사람을 대하는 관점이 달라진다. 직원은 비용 항목이 아니라 함께 맡겨진 사람들이다. 거래처는 이용 대상이 아니라 관계의 주체다. 이런 관점은 곧 경영의 기준으로 이어진다. 공정함, 정직함, 절제, 신뢰가 단순한 도덕이 아니라 전략이 된다. 직원들과 거래처 사람들이 안전하게 일하며 평안을 느끼도록 애쓰는 것이 자연스럽게 이루어진다.

물론 하나님께 속한 사업이 항상 순조로운 것은 아니다. 다윗도 골리앗을 쓰러뜨린 뒤 오랜 도피의 시간을 겪었고, 여호사밧의 승리 이후에도 유다는 다시 위기를 맞았다. 그러나 중요한 것은 결과의 모양이 아니라 싸움의 주인이 분명했다는 사실이다. 그 인식이 흔들리지 않았기에 그들은 다시 일어설 수 있었다.

오늘의 경영자도 마찬가지다. 시장은 변하고, 경쟁은 치열하며, 예측 불가능한 위기는 반복된다. 이때 "사업은 하나님께 속한 것이다"라는 고백은 패배를 합리화하기 위한 말이 아니다. 오히려 가장 냉정한 현실 인식이다. 내가 통제할 수 없는 것이 너무 많다는 사실을 인정하는 용기이며, 그럼에도 불구하고 올바른 선택을 하겠다는 결단이다.

사업은 결국 전쟁터와 같다. 그러나 그 전쟁의 주인이 누구인가에 따라 경영의 방식과 결말은 전혀 달라진다. 하나님께 속한 사업은 두려움이 기준이 되지 않는다. 원칙과 방향이 기준이 된다. 그리고 그 길 끝에서 경영자는 결과와 상관없이 말할 수 있다. 이 싸움은 처음부터 내 것이 아니었다고, 이 사업은 하나님께 속해 있었다고.

"너는 범사에 그를 인정하라 그리하면 네 길을 지도하시리라"

(잠언 3:6)

주인이 아니라 청지기

기독교인 경영자에게 가장 근본적인 질문은 여전히 이것이다.

"이 사업의 주인은 누구인가?"

이 질문에 대한 대답이 분명하지 않으면, 경영은 쉽게 탐욕과 두려움, 집착의 영역으로 흘러간다. 숫자는 우상이 되고, 성과는 자존심이 되며, 위기는 존재 전체를 흔드는 사건이 된다. 그러나 성경은 인간을 주인으로 부르지 않는다. 하나님은 인간을 청지기, 곧 맡은 자로 부르신다.

청지기라는 정체성은 추상적인 개념이 아니다. 그것은 경영의 태도와 판단 기준, 일하는 방식 전반을 재구성한다. 청지기로서 경영하는 구체적인 모습이 무엇일까? 다섯 가지를 생각해보았다.

첫째, 소유권을 분명히 한다. 주인은 하나님이다. 청지기 경영의 출발점은 소유권 인식이다. 성경은 단호하게 말한다.

"땅과 거기에 충만한 것과 세계와 그 가운데에 사는 자들은 다 여호와의 것이로다"(시편 24:1).

사업도 예외가 아니다. 회사, 자본, 기술, 시장, 인재는 경영자의 소유물이 아니다. 하나님이 맡기신 자원이다. 이 사실을 인정하는 순간, 경영자는 탐욕을 내려놓을 수밖에 없다. 그리고 경영의 무게를 더 깊이 느낀다. 내 것이 아니기에 함부로 할 수 없다.

소유권을 착각하면, 경영자는 모든 것을 통제하려 든다. 성과가 좋을 때는 교만해지고, 위기가 오면 공포에 사로잡힌다. 그러나 소유권이 분명한 청지기는 다르다. 그는 최선을 다하되, 결과를 자신의 정체성과 동일시하지 않는다. 성공은 감사의 이유가 되고, 실패는 성찰의 계기가 된다.

칙필레(Chick-fil-A)라는 미국의 유명한 패스트푸드 체인이 있다. 치킨버거가 전문이다. 조지아주 칼리지파크에 본사가 있으며 미국 48개 주와 컬럼비아특별구, 푸에르토리코에서 레스토랑을 성공적으로 운영하고 있다. 창업자 트루엣 캐시(Truett Cathy)는 사업의 소유권에 대해 일관된 입장을 유지했다. 그는 회사를 "하나님이 맡기신 자산"이라고 공개적으로 표현했고, 이 신념은 단순한 신앙 고백이 아니라 경영 제도로 구현되었다. 가장 잘 알려진 결정은 일요일 전면 휴무다. 패스트푸드 업계에서 이는 명백한 매출 손실을 감수하는 선택이었다. 그러나 캐시는 "회사가 하나님께 속해 있다면, 하나님이 정하신 질서를 존중해야 한다"고 말했다. 이 원칙은 수십 년간 유지되었고, 결과적으로 칙필레는 동종 업계 최고 수준의 매장당 매출과 직원 충성도를 기록했다.

둘째, 결과보다 충성을 기준으로 삼는다. 성경은 청지기에게 요구되는 핵심 자질을 명확히 말한다.

"맡은 자들에게 구할 것은 충성이니라"(고린도전서 4:2).

충성은 성과를 보장하지 않는다. 하지만 방향을 보장한다. 단기적 성공이 확실해 보여도 하나님의 뜻에 어긋난다면 멈추는 용기, 손해가 예상되어도 옳은 길이라면 가는 태도, 이것이 충성이다.

청지기 경영자는 숫자가 아니라 판단의 기준을 관리한다. 목표를 세우되, 방법을 더 엄격히 점검한다. 부정한 관행, 왜곡된 성과 지표, 책임 회피를 위한 구조는 충성의 영역 밖에 있다. 충성은 신앙적 개념이지만, 동시에 가장 현실적인 경영 기준이다. 방향이 무너지면 결과는 오래 지속되지 않기 때문이다.

유일한 박사가 기독교 정신을 바탕으로 창업한 기업 유한양행은 고속 성장 기업은 아니었다. 그러나 의약품 품질, 거래 투명성, 리베이트 관행에 있어 비교적 일관된 원칙을 유지해왔다. 단기 실적 경쟁에서는 불리했지만, 장기적으로는 신뢰 자산을 쌓았다.

셋째, 직원을 섬긴다. 청지기 경영은 사람을 바라보는 관점에서 분명한 차별성을 보인다. 직원들은 내 이익을 채워주는 도구가 아니다. 그는 하나님이 맡기신 소중한 존재이다. 거래처도 마찬가지다.

청지기 기업에서 '갑질'과 같은 용어는 있을 수 없다. 어려운 경쟁 환경 속에서도 기독교적 동료애를 실현하고자 애쓴다. 앞서 이야기한 칙필레는 패스트푸드 업계 평균보다 높은 임금, 체계적인 직원 교육, 장학금 제도를 운영해왔다. 특히 매장 직원들을 단순 아르바이트 인력이 아니라 미래 인재로 대우했다. 많은 매니저와 가맹점주가 현장 직원 출신이다. 칙필레는 미국에서 가장 일하기 좋은 외식 브랜드 중 하나로 평가받는다.

유통업체 하비 로비(Hobby Lobby)는 창업자 그린(Green) 가문의 기독교 신앙이 경영 전반에 깊이 반영되어 있다. 이 기업 역시 일요일 휴무를 고수하며, 직원의 예배와 가족 시간을 보호한다. 하비 로비는 업계 평균보다 높은 임금 지급, 의료보험 확대, 직원 복지 강화를 지속해왔다. 이 회사는 "우리는 최대 수익보다, 옳은 방식으로 운영되는 기업을 선택한다"고 공식적으로 밝힌 바 있다.

미국의 대형 육가공 기업 타이슨 푸드(Tyson Foods)는 기업 채플린(Chaplain) 제도를 운영한다. 공장과 사무실 현장에 상주 또는 순회 목사를 두어, 직원들의 영적·정서적 문제를 상담하도록 했다. 이 회사는 "직원은 단순한 노동력이 아니라, 삶 전체를 가진 사람"이라고 선언했다.

청소·시설 관리·주거 서비스 분야의 글로벌 기업 서비스마스터(ServiceMaster)는 창업자 마리온 웨이드(Marion Wade)의 기독교 정신에 바탕을 두고 있다. 사람은 하나님의 형상대로 지음받은 존엄한 존재라는 원칙 속에서 서번트 리더십(servant leadership)을 명시적 기준으로 삼는다. 관리자의 역할은 통제가 아니라, 현장 직원이 일을 잘할 수 있도록 장애물을 제거하는 것이라고 정의했으며 승진 평가와 리더십 교육에 이것을 실제로 반영하고 있다. 서비스마스터는 저임금·고이직률이 일반적인 산업구조 속에서도 비교적 안정적인 인력 구조를 유지한다.

이 기업들의 사례는 이상적인 태도가 아니라 장기적으로 가장 현실적인 선택이다. 사람을 도구로 쓰는 조직은 결국 신뢰를 잃고, 신뢰를 잃은 조직은 지속될 수 없다. 청지기는 사람을 통해 성과를 얻기보다, 사람을 잘 관리함으로써 성과가 따라오게 한다.

넷째, 두려움이 아니라 사명으로 결정한다. 사업 현장은 늘 불확실하다. 시장은 빠르게 변하고, 경쟁자는 강해 보이며, 위기는 예고 없이 찾아온다. 이때 가장 위험한 경영의 동력은 두려움이다. 두려움은 판단을 흐리게 하고, 원칙을 후퇴시키며, 단기적 선택을 반복하게 만든다.

그러나 청지기는 안다. 이 사업은 내 것이 아니며, 내가 모든 것을 책임질 수 없다는 사실을. 그래서 그는 서두르지 않는다. 기도하며 판단하고, 상황보다 방향을 먼저 본다.

달란트 비유에서 종들은 각기 다른 규모의 책임을 맡는다(마태복음 25장). 중요한 것은 규모가 아니라 태도다. 두려움에 사로잡혀 달란트를 묻어둔 종이 책망을 받는다. 아무것도 하지 않은 것이 아니라, 맡겨진 것을 두려움 때문에 제대로 관리하지 않았기 때문이다. 청지기 경영자는 위험을 회피하지 않지만, 두려움에 끌려가지도 않는다. 그는 사명으로 판단한다. 이 결정이 맡겨진 것에 합당한가, 이 선택이 하나님 앞에서 떳떳한가를 묻는다.

다섯째, 일을 예배로 이해한다. 청지기 경영의 마지막 원칙은 일에 대한 인식이다. 경영을 신앙과 분리된 영역으로 분리하지 않는다. 회의, 계약, 투자, 채용, 구조조정까지 모두 예배의 연장선에 둔다. 이 인식은 일을 가볍게 만들지 않는다. 오히려 더 엄중하게 만든다. 모든 결정이 하나님 앞에서 이루어지기 때문이다.

청지기 경영자는 일의 의미를 성과로만 정의하지 않는다. 일은 하나님께서 세상을 돌보시는 방식에 참여하는 통로다. 그래서 그는 성실하게 일하고, 결과를 하나님께 돌린다. 성공은 자랑이 아니라 책임을 키우는 계기가 되고, 실패는 신앙을 점검하는 시간이 된다.

"잘하였다"는 칭찬은 시장이 아니라 하나님에게서 오는 것이다. 청지기 경영은 화려하지 않다. 빠르지 않을 수도 있고, 세상의 기준으로는 손해처럼 보일 수도 있다. 그러나 견고하다. 주인이 분명하기 때문이다. 기독교인 경영자는 언젠가 결산의 자리에 선다. 그때 묻는 질문은 이것일 것이다. 얼마나 벌었느냐가 아니라, 어떻게 섬겼느냐일 것이다. 그리고 그 자리에서 듣고 싶은 말은 오직 하나다.

"잘하였다, 착하고 충성된 종아."

사업가는 주인이 아니다. 기독교인 경영자는 더욱 그렇다. 그는 맡은 사람이며, 관리하는 사람이며, 하나님의 방식으로 일하려 애쓴 사람이다. 이 인식이 경영의 중심에 설 때, 사업은 단순한 생계 수단을 넘어 신앙의 현장이 된다. 그리고 그 길 끝에서 그는 담담히 말할 수 있다.

이 사업은 내 것이 아니었고, 나는 다만 청지기로 일했을 뿐이라고.

하나님의 뜻을 앙망하라

크리스천 경영자는 기업의 주인이 아니라 청지기다. 청지기는 권세를 부리는 사람이 아니라 책임을 다해 충성하는 사람이다. 주인의 뜻을 바로 알고 성실하게 그것을 이행해야 한다. 그렇다면 하나님의 뜻은 무엇인가? 성경은 그에 대한 큰 답을 제공하고 있다.

"하나님은 모든 사람이 구원을 받으며 진리를 아는 데에 이르기를 원하시느니라"(디모데전서 2:4)

"하나님의 뜻은 이것이니 너희의 거룩함이라"(데살로니가전서 4:3)

말씀은 하나님의 뜻이 사람의 구원과 성화에 있음을 알려준다.

"여호와의 말씀이니라 너희를 향한 나의 생각을 내가 아나니 평안이요 재앙이 아니니라 너희에게 미래와 희망을 주는 것이니라"(예레미야 29:11)

우리의 평안, 미래, 희망이 하나님의 뜻이다. 우리는 그 뜻을 따라, 늘 기뻐하고 기도하며 감사하는 삶을 누리게 된다.

"항상 기뻐하라 쉬지 말고 기도하라 범사에 감사하라 이것이 그리스도 예수 안에서 너희를 향하신 하나님의 뜻이니라"(데살로니가전서 5:16-18)

때로 하나님의 뜻은 '고난' 속에서 역사하신다.

"그러므로 하나님의 뜻대로 고난을 받는 자들은 또한 선을 행하는 가운데에 그 영혼을 미쁘신 창조주께 의탁할지어다"(베드로전서 4:19)

하나님의 뜻은 이미 주어진 것이지만, 우리의 삶 속에서 주어지는 것이기도 하다. 그것은 세상의 풍조와는 다르다. 그래서 우리는 삶의 변화 가운데서 하나님의 뜻을 헤아리기 위해 애써야 한다.

> "너희는 이 세대를 본받지 말고 오직 마음을 새롭게 함으로 변
> 화를 받아 하나님의 선하시고 기뻐하시고 온전하신 뜻이 무엇
> 인지 분별하도록 하라"(로마서 12:2)

기업 경영을 하는 크리스천은 수많은 의사결정을 해야 한다. 그때마다 그 결정이 하나님의 뜻에 맞는지 분별하는 태도가 필요하다. 나는 분주한 일상 속에서 하나님의 뜻을 분별하고 그에 맞게 살기 위해서는 늘 성경을 가까이하고 기도해야 한다고 생각한다.

하나님의 뜻은 신비롭지만, 말씀을 통해 이해될 수 있다.

> "그러므로 어리석은 자가 되지 말고 오직 주의 뜻이 무엇인가
> 이해하라"(에베소서 5:17)

성경에는 구원의 진리가 있지만, 특정 시대와 특정 지역과 민족을 향해 쓰였기에 우리의 구체적인 일상을 사는 지혜와는 직접적인 연관이 없다고 생각하는 사람들도 있다. 하지만 늘 성경을 묵상하는 크리스천 경영자들은 성경이 일상뿐만 아니라 경영에도 적용되는 구체적인 지침을 지속적으로 공급하다는 사실을 알고 있다. 그러므로 늘 성경을 가까이 하라.

- 매일 QT하는 시간을 가져라.

- 제법 긴 시간을 할애하여 집중적으로 성경을 읽어라.

- 교회의 성경 공부 프로그램에 적극 참여하라.

- 직장 신우회나 경영자들의 모임에서도 성경을 공부하라.

늘 말씀과 접하는 중에서 하나님의 뜻이 무엇인지, 어떻게 경영하고 결정해야 하는지 깨달음을 얻을 수 있을 것이다.

그리고 '기도'라는 하나님과의 대화 창구를 놓치지 마라.

- 말 그대로 쉬지 말고 기도하라.

- 아침에 눈을 뜨고 하루를 시작하면서 기도하고, 밤에 잠자리에 들면서 기도하라.

- 업무를 시작하기 전에 기도하고 업무를 마친 후에 기도하라.

- 회의하기 전에 기도하고 회의를 마친 후에 기도하라.

- 중요한 결정을 하기 전에 기도하고 실행하면서 기도하라.

- 위기가 닥쳤을 때 기도하고 편안할 때 기도하라.

- 좌절과 실패를 경험했을 때 기도하고 성공과 성과가 주어졌을 때 기도하라.

- 아플 때 기도하고 건강할 때 기도하라.

- 절박한 속에 도움을 구하며 기도하고 풍요에 감사하면서 기도하라.

- 가족과 합심하여 기도하라. 가족을 위해 기도하라.

- 교우들과 합심하여 기도하라. 교우들을 위해, 특히 고난을 겪는 교우들을 위해 기도하라.

- 동료와 합심하여 기도하라. 동료를 위해 특별히 슬픔을 겪는 동료를 위해 기도하라.

- 믿는 경영자들끼리 모여서 기도하라. 한국 기업 생태계가 하나님의 질서 안에서 변화될 수 있기를 기도하라.

- 나를 통해, 내 가족을 통해, 내 사업을 통해, 교회를 통해, 이 나라와 이 민족을 통해 하나님의 뜻이 실현되기를 바라고 간구하라.

크리스천 경영자를 위한
세 가지 조언

지금까지 내 이야기, 그리고 여러 크리스천 경영자들의 사업 이야기를 했다. 그 속에서 크리스천 경영자들이 어떻게 살고 일해야 하는지를 살펴보았다. 그런데 나도, 다른 크리스천 경영자도 모두 불완전하다. 그것이 우리 인간의 어쩔 수 없는 본질이 아니겠는가. 해답은 사람이 아니라 그를 인도하시는 하나님께 있다. 그래도 그 이야기 속에서 어떻게 살고, 어떻게 경영해야 할지 생각을 가다듬었는지 모르겠다.

앞의 이야기들과 중복되기는 하지만, 몇 가지를 덧붙이고 싶다. 이것은 크리스천 경영자들이 나에게 조언을 구할 때면 늘 하는 이야기다. "첫째, 겸손하십시오. 둘째, 어떤 상황에서도 하나님을 신뢰하십시오. 셋째, 잘되는 것의 의미를 오해하지 마십시오."

첫째, 겸손하라. 크리스천 경영자들에게 위기는 위기가 아니다. 성공이 위기다. 사업에 성과가 나고 성장할 때 훨씬 더 위험하다. 난관에 부닥치고 재정적으로 어렵고 프로젝트에 실패할 때는 자신을 돌아보고 하나님께 매달리던 사람이 나중에 달라지는 경우를 볼 때가 있다. 처음에는 겸손했는데, 사업이 탄탄대로를 달리면 겸손을 잃는다. 자기 목소리와 자랑이 흘러나온다. 사업의 성장이 하나님의 은혜가 아니라 자신의 지혜와 지식, 경험과 노력에 따른 것이라 생각한다. 자기 방식을 고집한다. 교만에 빠지는 것이다. 이 순간이 가장 위험하다. 사업이 어려울 때는 나중에 자신이 교만하게 변질될 것이라고 상상하기 어렵다. 그러나 가랑비에 옷 젖듯 서서히 교만해진다. 크리스천 경영자가 교만해지면, 그 기업은 성장을 멈춘다.

사람은 불완전하고 하나님은 완전하시다는 사실을 잊어서는 안 된다. 늘 자신의 부족함을 고백하고 하나님의 완전하심을 의지해야 한다. 크리스천 경영자는 자기를 부인하고 자기 십자가를 지고 희생과 고난을 기쁘게 받아들여야 한다. 처음이든 나중이든, 잘될 때든 안 될 때든 겸손을 잃지 마라. 당신이 성과와 성장 앞에 있다면, 주변에서 당신을 칭찬하는 목소리가 커진다면, 당신은 위험한 상황이다. 이때 겸손함을 잃으면 안 된다. 당신은 주인이 아니라 청지기다. 성과는 은혜로 주어진 선물이며, 주님의 일을 위한 자원이다.

"이와 같이 너희도 명령 받은 것을 다 행한 후에 이르기를 우

리는 무익한 종이라 우리가 하여야 할 일을 한 것뿐이라 할지니라"_(누가복음 17:10)

둘째, 어떠한 상황에서도 하나님을 신뢰하라. 살아가면서 사람의 마음으로는 하나님의 뜻이 이해되지 않는 순간이 자주 닥친다. '하나님이 살아 계신다면, 역사하신다면 어떻게 이런 일이 생길 수 있어?' 하는 생각이 불현듯 찾아오기도 한다. 이때 하나님을 원망하지 마라. 불평하지 마라. 불신에 빠지면 더더욱 안 된다. 이때 들끓는 마음을 누르고 잠잠히 기도하라. '저는 알지 못합니다. 이해가 되지 않지만 순종하겠습니다. 하나님의 뜻은 무엇입니까?'

하나님은 자신을 믿고 찾는 이에게 상 주시는 분이시다. 불신하는 사람에게는 응답하지 않는다. 신앙은 비평이 아니다. 하나님은 판단과 비판의 대상이 될 수 없다. 우리는 믿고 의지하고 따르는 신앙인이다. 하나님을 인정하고 신뢰하라. 그러면 모든 것이 협력하여 선을 이루는 하나님의 역사를 깨닫게 될 것이다.

셋째, '잘된다'는 의미를 오해하지 마라. 많은 크리스천 경영자들이 사업이 잘되기를 간구할 것이다. 그렇다면 '사업이 잘된다'는 의미는 무엇인가? 회사의 매출액이나 이익이 높으면 잘되는 것인가? 외형이 꾸준히 성장하면 잘되는 것인가? 진출하는 영역마다, 손대는 프로젝트마다 성공하면 잘되는 것인가? 수입이 많아지고 경영자로서 명예가 커지면 잘되는 것인가? 그렇지 않다.

　나는 일터에서 숱한 실패를 경험했다. 실패하고 청산한 사업도 여럿이다. 저평가와 오해에 시달리기도 했다. 하지만 그러한 실패 속에서 또 다른 기회가 열리는 것을 경험했다. 미련하고 무능하며 보잘것없는 사람이 하나님 나라 확장의 도구가 되는 형언할 수 없는 기쁨을 맛보았다.

　지금 성급하게 결론을 내서는 안 된다. 단기적이거나 재무적인 성공을 '잘된다'의 기준으로 삼지 마라. 하나님의 뜻과 미래는 열려 있다. 내 사업이 어떻게 쓰임 받느냐가 관건이다. 조금만 기다린다면, 사업이 잘되는 것의 기준이 무엇인지, 내 사업은 어떻게 잘될지 알게 될 것이다.

당신만의 경영 교과서를 만들어라

이 책의 끝부분에 왔다. 당신이 영적 도전을 받고 혁신을 결단하는 데 이 책이 작은 계기가 되었기를 바란다. 그런데 이 책은 당신이 사업의 현장에서 느끼는 구체적인 모든 문제에 대한 상세한 해답이 되지는 않았을 것이다. 그래서 좀 아쉬움을 느끼는 분들도 있을 것이다. 하지만 이 아쉬움은 당신이 직접 풀어가야 할 과제이기도 하다.

기독교인 경영자가 현실에서 부닥치는 고민은 무수히 많다. 대표적인 몇 가지만 나열해보겠다. 아래 문단은 굳이 읽지 않아도 좋다.

경영자로서 회사에서 신앙을 강조하는 것은 어디까지 허용되어야 하는가? 신우회의 조직이나 활동에 얼마나 지원하는 게 적절한가? 사내 예배나 성경 공부가 강요로 느껴지지 않게 하려면 어떻게 해야 하는가? 기독교적 가치와 포용성이 충돌하지 않는가? 기독교 기업임을 내세우는 것이 마케팅 수단이 되어버릴 위험은 없는가? 경영자가 신앙적으로 실패했을 때 조직 전체에 미치는 영향은 어떻게 책임져야 하는가? 경영자에게 과로를 요구하는 현실에서 어느 정도까지 열심히 일해야 하는가? 자금이 고갈되었을 때는 어떻게 해결해야 하나? 현금흐름이 어려울 때 임금이나 거래대금 지급을 미루는 것은 죄가 되는가? 자금조달을 위해 빚을 져도 되는가, 아니면 성경은 부채 자체를 경계하는가? 재무적으로 불안한 상황에서도 헌금과 나눔을 유지해야 하는가? 세금을 최소화하는 절세 전략은 지혜인가, 편법인가? 손해가 분명한 계약을 신앙 양심 때문에 감수해야 하는가? 은행 대출과 투자 유치(VC, 사모펀드) 중 무엇이 더 성경적인가? 위기를 넘기기 위해 무리한 레버리지를 사용하는 것이 믿음 없는 행동은 아닌가? 사업 확장을 위한 차입과 탐욕적 성장은 어디서 구분되는가? 지속적으로 문제를 일으키는 저성과 직원을 해고하는 것은 비기독교적인가? "직원을 사랑하라"는 말씀은 경영 판단에서 어디까지 적용되는가? 직원의 불성실함이 반복될 때 끝까지 기다려야 하는가? 실력은 뛰어나지만, 인격적으로 문제가 있는 인재를 고용해도 되는가? 직원의 개인적 어려움(빚, 질병, 가정 문제)에 어디까지 개입해야 하는가? 기독교인 직원과 비기독교인 직원 사이에서 차별 없이 대우할 수 있는가? 직원의 잘못을 은혜로 덮어야 할 때와 원칙을 적용해야 할 때는 언제인가? 성과 압박이 직원의 삶을 파괴하고 있다면 목표를 낮춰야 하는가? 회사가 어려울 때 경영자부터 희생해야 하는가, 아니면 구조 조정이 우선인가? 하나님의 뜻을 어떻게 분별해야 하는가, 기도하면 되는가? 신규 사업 진출이나 사업 철수에서 하나님의 뜻을 알 수 있는가? 실패가 반복될 때, 이것은 훈련인가, 경고인가? 거짓 없이 사업을 하다 보면 현실적으로 살아남기 어려운 시장에서 어떻게 해야 하는가? 경쟁사의 약점을 이용하는 것이 지혜인가, 비윤리인가? 업계 관행이 비윤리적일 때, 혼자만 정직하게 살아남을 수 있는가? 거래처가 불법·편법을 요구할 때 계약을 포기해야 하는가? 법적으로는 합법이지만 도덕적으로 불편한 선택은 어떻게 판단해야 하는가? 독단적 리더십과 영적 확신은 어떻게 구분해야 하는가? 조직의 반대에도 불구하고 소신을 밀어붙이는 것은 믿음인가, 고집인가?

이것들은 다양한 고민거리 중 그야말로 일부다. 업종에 따라, 규모에 따라, 직원 구성에 따라, 거래처와 환경에 따라, 현금흐름에 따라, 각종 변수와 상황에 따라 새로운 문제가 끊임없이 생겨날 것이다. 이때마다 근심할 필요는 없다. 사업하는 예수쟁이로서 기도하며 풀어나가면 하나님께서 경영하실 것이다.

이에 덧붙여 경영을 공부하라. 기업 세계는 수많은 공법과 기술, 경영 기법을 만들고 발전시켜 왔다. 이를 공부하고 도입하는 데 게으르지 않기를 바란다. 더 나아가 올바른 원칙과 방향성 아래에서 당신만의 경영 교과서를 만들어가라! 당신뿐만 아니라 동료들이 함께 참고할 수 있도록 상세한 매뉴얼을 만들 수 있다면 더욱 좋다.

경영 컨설턴트로서 사업 혁신에 관한 나의 매뉴얼을 소개한다. 업종 특수성 때문에 이해하기 어려울 수도 있지만, 대략의 참고가 되었으면 좋겠다.

이 매뉴얼을 작성하게 된 계기부터 이야기하겠다.

한 고객사 사장님으로부터 '혁신을 어떻게 해야 하는가'에 대해 근본적인 질문을 받았다. 나는 생각을 정리한 후에 답변드리겠다고 말했다. 그리고 지나온 시간을 회고하며 깊이 생각했다.

컨설턴트로 일한 지 벌써 30년이 넘었다. 지나온 시간을 뒤돌아보니 만감이 교차했다. 기대를 잔뜩 하고 시작했다가 중단된 프로젝트도 생각나고, 기대를 전혀 하지 않았는데 탁월한 성과를 도출한 프로젝트도 떠올랐다. 무엇보다도 내가 컨설팅에 참여한 회사 중 세계 최고의 수준으로 성장 발전한 회사들이 특별하게 떠올랐다. 이러한 회사들이 어떠한 과정을 거쳐 최고가 되었는가와 혁신을 하기 위해서는 어떠한 단계를 거쳤는가를 짚어보았다. 좋은 교훈들이 매우 많지만, 선택과 집중이 필요하고 우선순위의 선정도 중요했다. 그런데 무엇을 취하고 무엇을 버려야 할 것인지가 명확하지가 않았다. 모든 것이 나름대로 의미가 있기 때문이다.

귀가하여 서재에 앉았다. 이 문제에 답하기 위해 여러 책을 찾아

읽었다. 그러다 피곤하여 스르르 잠이 들었다. 그런데 누군가 나를 어루만지는 손길을 느꼈다. 그는 "경영 컨설팅을 하면서 고객에게 결국 무엇을 주고자 하는 것이냐?"고 질문했다. 또한, "그동안 진행한 컨설팅 프로젝트 중에서 가장 인상에 남는 것이 무엇인지 말해보라"라고 하였다. 이어서 그는 혁신을 위한 다섯 단계를 설명하였다. 나는 진지하게 들었다. 그리고 잠에서 깨었다. 신비한 경험이었다. 심리학자들은 사람이 꿈에서는 읽거나 글을 쓰거나 논리적인 강연을 듣는 게 불가능하다고 한다. 그런데 나는 들은 내용이 꽤 구체적으로 기억이 났다. 그것을 기록하였다. 단순하고 상식적인 내용이지만, 이것을 제대로 실행할 수 있다면 지속적인 성장을 이루어갈 수 있으리라는 생각이 들었다.

① 바람직한 모습과 이상적인 모습을 그릴 수 있는 역량

② 개선을 실천하는 데 직접 참여하기

③ 모든 활동의 결과에 대해 피드백하기

④ 활동에 참여하고 수고한 분들에게 보상하기

⑤ 위 네 가지 과정을 매일 반복하면서 기반 다지기

① 바람직한 모습과 이상적인 모습을 그릴 수 있는 역량

오랫동안 컨설팅을 해오면서 특별히 기억에 남는 것이 무엇이었냐는 질문을 받으면 생각이 여러 가지로 분산된다. 중단된 프로젝트, 능

력 이상을 요구받고 무한정 고생만 했던 컨설팅 프로젝트 등이 떠오른다. 하지만 특별히 강렬한 기억으로 남은 프로젝트가 있다. 혼자서 책임지고 대기업의 컨설팅을 수행했을 때였다.

그때 그 대기업은 일본 전문가로부터 기업 진단을 받고 제안을 검토한 후에 컨설팅을 받는 것으로 협의했었다. 그 일본 컨설턴트는 자신을 지원해주는 보조 컨설턴트로 한국인 한 명을 투입해달라고 했고, 그 요청에 따라 내가 참여하게 되었다.

일본 컨설턴트와 함께 현장 진단을 시작하면서부터 나는 긴장했다. 그는 경험이 매우 많은 컨설턴트였기에 이번에 그로부터 잘 배웠으면 하는 마음이 가득했기 때문이다. 그와 제조 현장을 함께 돌아다녔는데, 그는 현장의 리더들에게 쉬지 않고 질문했다. 그 옆에서 나도 스스로 물었다. '현장을 보고 무엇을 알아차렸는가?' '현장의 리더에게 무엇을 질문할 것인가?'

현장 방문이 끝나고 진단 결과를 정리하는 시간이 되었다. 일본 컨설턴트와 단둘이 대화할 시간이 주어졌다. 그는 현장 진단 결과를 발표한 후에 자기는 빠지고 나 혼자서 컨설팅을 하면 좋겠다고 하였다. 현재의 수준이 너무 낮아서 자기가 개입하지 않고도 이 단계 개선을 마무리할 수 있을 것이라는 취지였다.

그는 종이에 향후 가야 할 10단계의 이미지를 그려서 설명해주었다. 현재의 제조 현장에 배치된 인원이 150명인데, 100명으로 합리화하는 방안, 100명 선에서 80명으로 조정하는 방안, 80명에서 50명이 되는 방안, 50명에서 30명이 되는 방안, 30명에서 15명이 되는 방안, 15명에서 10명이 되는 방안, 10명에서 5명이 되는 방안, 5명에서 2명이 되는 방안, 2명에서 1명이 되는 방안, 결국 맨 마지막 단계로 무인화 공장이 되는 방안을 자세하게 설명했다. 그리고 자신은 이러한 단계별 개선 활동에 참여한 경험이 있는데, 현재의 현장 수준으로는 자신이 동원되지 않고도 첫 단계를 마무리할 수 있을 것이라고 하며, 그 이후 단계에 자신이 참여하는 게 바람직하다고 말했다.

그는 공장의 바람직한 모습에 대해 잘 알고 있었다. 단계별로 이상적인 모습을 그릴 줄 알았다. 그리고 각 단계에서 다음 단계로 나아가기 위해 해야 할 일도 잘 알고 있었다. 나는 이 일본 컨설턴트의 안목이 부러웠다.

일본에서 온 또 다른 컨설턴트와 팀을 이루어 프로젝트에 투입된 적이 있었다. 식사 시간에 일본 컨설턴트에게 어떻게 하면 빠른 시간 내에 유능한 컨설턴트가 될 수 있는지 질문하였다. 그때 그 일본 컨설턴트는 시간이 필요하다고 하였다. 10년 이내의 경력 컨설턴트는 미숙할 수밖에 없으나 20년이 넘는 경력 컨설턴트는 유능해진다고 하였다. 성숙한 컨설턴트가 되기 위해서는 더 많은 것을 보고 듣고 느끼는 시간이 필요하다는 것이었다. 그리고 미래의 바람직한 모습을 충분히 이해하기 위해서는 오랜 시간 지켜본 경험도 필요하다고 덧붙였다.

10년 전에 컨설팅한 회사가 하나 있다. 그 회사는 컨설팅을 시작한 후 4년이 지나서 드디어 경영의 안정을 이루었다. 자신감을 얻은 이 회사는 매출 증대를 위해 노력한 결과 매년 비약적으로 성장하였다. 6년이 지난 후에 주식시장에 상장하였고 꾸준히 성장하여 10년 만에 시가총액이 1조 원을 넘어서는 회사가 되었다. 물론 제품의 경쟁력과 매출액도 세계 최고가 되었다. 지나온 10년의 변천사가 바로 바람직한 모습이 구현된 과정들이라고 말할 수도 있다. 나는 이러한 사례를 자주 경험하였다. 그래서 지금은 회사의 바람직한 모습을 잘 이해하고 잘 그려낼 수 있게 되었다. 10년의 경력은 최소한이며 20년의 경력이 기본적으로 필요하다는 말뜻을 이제는 이해할 수 있게 되었다. 그것은 다음 단계의 이상적인 모습, 최종 단계의 바람직한 모습을 그려내는 능력이었다.

도요타자동차에서 낭비에 대한 이야기를 들었다. 이 회사는 현장의 낭비가 2999/3000이라고 했다. 충격적이었다. 도요타자동차는 고객이 돈을 지불할 가치가 없는 것은 낭비라고 정의하였다. 그 대표적인 것으로 7대 낭비를 들었다. 그리고 낭비를 철저하게 제거하는 생산방식을 창안하였다. 이것이 도요타 생산방식이다. 이렇듯 개선은 무한하다.

주문부터 납품까지 소요되는 생산 기간을 리드타임이라고 한다. 도요타자동차에서 30일의 리드타임을 2일로 개선한 사례를 들으면서 놀랐다. 하지만 원칙은 단순했다. 이 리드타임의 대부분이 정체이기에 정체 없는 활동을 하면 되기 때문이다. 이 정체의 현상이 재공·재고의 모습으로 표현된다. 즉, 재공·재고를 절반으로 줄이면 전체

리드타임이 절반이 줄어든다.

과학적 관리 기법을 창시한 테일러는 작업 시간을 측정하여 가장 작업 시간이 적게 드는 방식으로 표준화함으로써 생산성을 높였다. 길브레스는 현재 하는 방법이 최선의 방법이 아니라는 생각으로 방법을 개선하여 생산성을 높였다. 미국 GE 호손 공장에서는 작업 환경을 개선하는 것을 통해 생산성을 높이고자 시도하였는데, 그보다는 작업자의 동기부여에 의해 생산성이 크게 영향을 받는다는 것을 발견하였다. 그래서 작업하는 사람들의 시기 앙양과 동기부여를 통해 생산성의 향상을 가져왔다. 네슬러와 히비노는 길브레스의 영향을 받아 방법 개선에 집중하여 'Break through' 개념을 창안하였고, 이를 통해 문제를 해결하였다. 이러한 역사적인 혁신 이야기들은 바람직한 모습을 설계하고 창안하는 데 큰 도움이 된다.

어떻게 나의 안목을 세계 최고의 수준으로 올릴 것인가를 생각하자. 여행도 학업도 소중하다. 무엇보다 세계 최고의 전문가로부터 배우는 기회를 잡자.

② 개선을 실천하는 데 직접 참여하기

어느 공장에서 개선 활동을 하던 중에 난관을 만났고 프로젝트가 중단된 적이 있다. 이때 그 공장 측과 내가 맞섰고, 내가 포기하기 바로 직전에 개선이 다시 시작되었다. 정리정돈을 할 때 대형 철제 책상을 정리 대상으로 선정했는데, 치울 엄두가 나지 않았다. 너무 커서

문을 통과할 수 없었기 때문이다. 책상은 방을 만들기 전부터 이곳에 있었다고 한다. 나는 원칙적으로 지금 이것을 치워야만 한다고 주장했다. 관계자들은 책상을 제외하고 정리하자고 했다. 몇 시간을 대치한 후에 용접기를 가지고 와서 분해하기 시작했다. 이때 어떠한 개선도 쉽지 않으며, 직접 참여하지 않고서는 개선이 진행되지 않는다는 것을 알게 되었다.

어느 대기업에서 일선 감독자들의 개선 역량을 향상시켜 달라는 요청을 받았다. 일주일 동안의 개선 교육을 진행했다. 첫날 오전부터 소(小)개선 항목들을 발굴하고 하루 할 것을 선정하여 실천하였다. 이렇게 매일 매시간 쉬지 않고 개선 활동을 하였다. 일주일 내내 현장에서 개선 활동만 한 것이다. 그동안 각각 자기 손으로 개선한 항목의 숫자가 놀랄 만큼 누적되었다. 마지막 날 마지막 시간에 소감 발표를 하였는데, 모두가 우렁차고 자신 있게 자신의 성과를 발표하는 것을 보았다. 이때 실천 학습이 현장의 리더들에게 가장 효과적인 방법임을 알게 되었다.

함께 일하는 동료 중에서 컨설턴트로 적합하지 않다고 여겨졌던 이가 독립했다. 나는 그의 진로에 대해 내심 염려했는데, 상황은 딴판이었다. 새로운 고객으로부터 칭찬이 자자하였다. 궁금하여 알아보니 밤새 현장에서 개선 활동을 진두지휘한다고 하였다. 그는 현장 개선에 솔선수범하였고, 그 결과 좋은 성과를 도출하였다. 당연히 고객으로부터 인정받게 된 것이다. 그의 역량 중 핵심은 문제를 발견하면 즉각적으로 개선하는 실천력이었다.

어느 자동차 부품 회사의 혁신 활동 때도 비슷한 경험을 하였다. 그 회사 사람들은 밤새 개선 활동에 열중하는 나에게 "왜 이렇게까지 해야 하느냐?"고 따지듯 물었다. 그러나 실질적으로 이루어진 많은 개선 건수가 모든 질문에 대한 답이 되었고 그들을 설득시킬 수 있었다. 체득되지 않은 지식은 능력이 없다. 폐업을 고민하던 중소기업이 현재 세계 최고의 경쟁력을 갖추게 된 것도 사실 실천력의 결과이다. 완벽하지는 않았지만 계속 실천한 덕분이다. 실천가를 양성하는 것이 포인트이다.

③ 모든 활동의 결과에 대해 피드백하기

리더가 동의하지 않은 개선안은 그의 관할 범위 내에서는 이루어지지 않는다. 어느 현장에서 생산관리자에게 개선 방안을 설명하였다. 그 관리자는 마지못해 동의했다. 그리고 그는 내가 현장에 가서 작업하시는 분들에게 한 번 더 직접 설명해주면 좋겠다고 했다. 자신이 직접 설명하는 것보다도 컨설턴트가 설득력 있게 이야기하면 현장에서 그 개선 방안을 수용할 가능성이 커지지 않겠느냐고 했다. 그의 요청에 따라 함께 작업 현장으로 가서 사람들을 모으고 이야기했다. 내 설명이 끝나자 질문이 쏟아졌다. 대체로 일시적으로 시도해보는 것은 좋지만, 항상 하기에는 무리가 있다는 취지였다. 아무리 설득해도 항의성 질문이 끝나지 않았다. 나는 옆에 서 있는 생산관리자를 바라보았다. 그는 내 옆에서 고개를 흔들고 있었다. 생산관리자가 동의하지 않으니 현장에서 작업하시는 분들도 동의하지 않았다. 그는 끊임없이 부정적인 피드백을 제공하고 있었다.

다른 생산 현장에서 다른 생산관리자에게 개선 방안을 이야기하였다. 그 관리자는 곰곰이 생각하더니 내 의견에 동의하였다. 그는 현장에 가서 한 번 더 설명해주었으면 좋겠다고 하였다. 나는 전에 같은 상황을 경험한 적이 있어서 꺼려졌다. 리더가 직접 설명하는 게 효과적이라고 말해주었다. 그 생산관리자는 그러면 같이 가서 함께 설명하자고 했다. 나는 그와 동행했다. 현장에서 사람들을 모으고 생산관리자가 개선 방안에 관해 설명하였다. 그는 "좋은 아이디어를 제안받았는데, 해보고 싶다"고 했다. "그런데 개선 중 예상하지 않은 문제가 발생할 수 있으니 직접 제안한 컨설턴트에게 자세한 내용을 듣고 질문하라"고 말했다. 그리고 이 개선 방안에 대한 실천 의지를 강조했다. 내가 그의 뒤를 이어서 개선 방안을 설명하자 모두 일단 한번 해보자고 하였다. 그 개선 아이디어는 즉각적으로 실시되었고 모두가 기대한 좋은 성과를 도출하였다.

어느 생산 라인에서 투입 인원이 너무 많아서 만들수록 적자라고 하였다. 다른 제품은 문제가 없는데 한 품목만 골칫거리라고 나에게 도와달라고 하였다. 나는 개선 담당 조직을 구성하여 현장에 가서 면밀하게 개선이 필요한 요소를 샅샅이 조사하였다. 그곳은 일곱 사람이 일하는 조립 현장이었다. 다행히 개선할 내용이 많이 발굴되었다. 100건 이상의 개선 아이디어가 도출되었다. 각각의 지적 사항에 대해 개선 준비를 하였다. 준비가 완료되자 개선 실시에 나섰다. 저녁에 모두가 퇴근하고 난 후에 조립 라인 해체 작업에 돌입했다. 그리고 준비한 내용에 따라 조립 장치들을 재조정하기 시작했다. 밤새 작업하였다. 내일 정상 생산에 돌입해야 하기에 마음이 급했다. 아침이 되자 작업이 마무리되었다. 시범 작업을 해보았는데, 이상 없이 작동되었다. 아침에 작업하시는 분들이 출근하자 어젯밤에 있었던 개선 내용을 자세하게 설명하였다. 작업하시는 분들이 많이 놀랐다. 직접 생산해보더니 마음에 들어 했다. 일곱 사람이 하기에는 공간이 비좁으니 네 사람이 한번 해보겠다고 하였다. 약간 걱정을 했으나 일단 시작하였다. 옆에서 지켜보는데, 매우 익숙하게 쉽고 편하고 안전하게 작업하였다. 오전 쉬는 시간에 음료수를 사서 수고하셨다며 나눠주었다. 목표 생산량을 초과 달성하였다. 105건의 실질적인 개선 효과는 그리 크지 않았지만, 현장의 반응은 뜨거웠다. 해당 작업을 수행하는 분들로부터의 심리적인 개선 결과가 컸던 것이다. 즉시 노동 생산성이 향상되었다.

개선은 관계되는 모든 분이 어우러져 함께하는 것이다. 그리고 그 결과도 모두가 함께 누리는 것이다. 현장이 쉽고 편하고 안전하게 되니 생산성도 덩달아 좋아진 것이다.

개인적으로는 나름대로 파란만장한 삶을 살아왔다. 대학 입시에서 낙방하고 대학원 입시에서도 낙방했으며, 이직도 실패했다. 사업에서도 8번의 폐업을 경험했다. 통풍으로 모든 활동이 중단에 이르기도 하고, 피곤하여 졸음운전을 하다 교통사고로 하마터면 죽을 뻔하기도 하였지만, 지금까지 건재한 이유는 오직 하나님의 은혜이다. 그 은혜로 인해 항상 긍정적인 태도로 배우는 자세를 견지하였기 때문이다.

내가 관련되었던 어느 공동체는 가장 낮은 곳에 처한 경험이 있는 사람들이 다시 일어서는 감동적인 경험을 만들어내는 현장이다. 저신용자와 파산한 사람이 재정적으로 회복되고, 정신적으로 회복되고, 영적으로 회복되는 과정을 매일 매순간 반복한다. 이 공동체는 매일 감사 제목을 기록하고 공유하는 습관이 몸에 익숙하도록 노력할 것을 권한다. 누구든지 마음만 새롭게 하면 누구보다도 크게 성장할 수 있음을 보아왔기 때문이다.

여러 사례에서 보듯 구체적인 피드백은 개선의 효과를 극적으로 높인다.

④ 활동에 참여하고 수고한 분들에게 보상하기

함께 수고한 분들에게 즉시 충분히 보상하지 않는다면 나중에 그들에게 어떻게 함께 일하자고 말할 수 있겠는가. 2014년에 만난 한 중소기업 경영자는 몹시 힘든 상황이었다. 그야말로 망하기 직전이었다. 그러나 그는 목표가 다부졌다. 동종 업계에 성공 사례가 있다며 자신도 그렇게 되고 싶다고 말했다. 그는 적극적으로 도와달라고 하였다. 그런데 그의 목표에는 특이한 점이 하나 있었다. 그는 미래에 모든 직원에게 최고의 보상을 하는 꿈을 꾸었다. 이 회사는 2018년에 이익을 내기 시작하였고, 2020년에 상장을 하고 2024년도에 1조 원의 가치를 지닌 회사로 성장했다. 그 과정을 내가 옆에서 직접 보았다. 그리고 그 사장은 자신이 구상하던 보상을 실천에 옮겼다. 직원들에게 성과를 많이 내어 큰 보상을 받는 것, 수고의 격려로 금일봉을 받는 것, 생일에 모든 동료 앞에서 성장에 대한 감사 인사를 받는 것 등은 모두 동기부여이고 격려였다. 이 회사는 보상과 함께 성장했다.

어느 회사에서 경영 성과가 탁월하게 향상된 해가 있다. 경영자는 그동안의 경영 성과를 보고한 후에 전 직원들에게 상당히 큰 금액의 특별 상여금을 지급하겠다고 발표했다. 이 발표 이후 기쁨의 큰 함성이 울렸는데, 그 목소리가 지금도 생생하다.

한 번에 완성도를 완벽하게 높이는 것은 매우 어렵다. 그러나 60점이라도 좋으니, 당장 개선하는 것이 좋다. 그리고 중단 없는 지속적인 개선으로 완성도를 높여가는 것은 긴요하다. 시작한 개선안을 200번 다듬는다면 최고가 될 수 있다. 어느 회사는 전 종업원이 한 달에 최소 20건 이상의 개선 완료 건수가 있다며 자랑하였다. 가장 많이 한 사람은 무려 한 달에 146건을 개선 완료했다. 동일한 제품을 생산하는 한 라인에서 무려 5차례의 혁신이 이루어지는 장면을 목격하였다. 이 회사에는 한 제품을 생산하는 5개의 생산 라인이 별도로 존재하였다. 나는 견학을 요청했는데, 가장 수준이 높은 라인의 견학은 허락하지 않았다. 자신들만의 노하우라고 하였다. 나는 개선이 무한하다는 것을 실감하였다. 차별화는 바로 이런 과정을 통해 탄생했으며, 이는 모든 구성원에게 큰 보람과 자부심을 주었다. 구성원의 성장을 위해 "우리는 실패를 지원합니다"라는 표어를 현관에 크게 게시한 회사도 보았다. 작은 개선에도 적극적으로 보상한다면 그것이 쌓이며 큰 혁신으로 이루어지는 것이다.

⑤ 위 네 가지 과정을 매일 반복하면서 기반 다지기

손이나 발보다 입이 앞서는 게 사람의 일반적인 모습이다. 그러면서 늘 김칫국만 마신다. 이것은 바람직하지 못하다. 실적으로 증명하는 게 옳다. 그러려면 일신우일신해야 한다. 새벽에 개선안을 만들고 준비한 뒤 오전에 집중하여 실천하고, 오후에 경과를 지켜보고 결과를 평가한 뒤 저녁에 보완하는 활동을 매일 반복한다면 10년 후, 40년 후의 그의 역량은 세계 최고로 성장해 있을 것이다. 매일 1%p씩 나아진다면 1년 후면 365% 향상된다. 매년 두 배씩 실력이 좋아진다면, 10년 후에 1,000배가 좋아진다.

최고의 농구 선수였던 마이클 조던이 고등학교 시절에 농구를 시작할 때의 실력은 보잘것없었다고 한다. 하지만 그는 연습 벌레라는 별명이 붙을 만큼 연습에 집중하였다. 그가 쉬는 시간에도 쉬지 않고 연습하는 모습을 본 동료가 좀 쉬라고 충고하자 조던은 지치지 않았는데 왜 쉬어야 하느냐고 반문했다고 한다. 그는 대학 시절에도 연습에 매진하였다. 그는 대학 4학년 때 올림픽 대표 선수로 선발되었다. 대표팀 소집 초기에는 마이클 조던보다 실력이 좋아 보이는 선수들이 많이 있었지만, 마지막 날에는 마이클 조던의 실력이 최고였다. 매일 같이 꾸준히 연습한 결과였다. 조던은 대학을 졸업한 후에 프로농구 팀에 들어가 첫헤에 신인상을 받으면서 실력을 인정받았다. 그는 시상식이 끝나자마자 대학 시절 감독을 찾아가 지금보다 더 실력이 좋아지려면 이렇게 하면 되느냐고 질문했다고 한다. 그리고는 "연습 외에는 방법이 없겠지요"라고 말하며 연습하러 떠났다고 한다. 마이클 조던의 선수 생활은 쉼 없는 연습의 연속이었다. 이렇듯 반복해서 연습하는 좋은 습관은 우리의 인생을 성공으로 이끌 것이다.

"침묵은 금이고 웅변은 은이다"라는 말이 있다. 이제는 실천의 순간이다. 침묵과 경청 속에서 행동하고 그 결과를 지켜보는 것이 지혜이다.

콘도르처럼 비행하라

모든 새가 하늘을 나는 것은 아니다. 날지 못하는 새도 생각보다 많다. 특히 몸집이 크고 무게가 많이 나가는 새들은 비행이 쉽지 않다. 타조와 황제펭귄은 아무리 날갯짓을 해도 땅을 벗어날 수 없다. 체중이라는 물리적 한계를 날개의 힘으로 극복할 수 없기 때문이다. 이것은 냉정한 자연의 법칙이다.

그런데 이 법칙을 다른 방식으로 넘어서는 새가 있다. 바로 콘도르다. 콘도르는 현존하는 조류 가운데 가장 큰 날개폭을 가진 새 중 하나로, 시속 30~70킬로미터의 속도로 수십, 때로는 수백 킬로미터를 이동한다. 놀라운 것은 그 비행이 힘겨운 몸부림이 아니라는 점이다. 콘도르의 하늘을 나는 모습은 투쟁이라기보다 신뢰에 가깝고, 분투라기보다 맡김에 가깝다. 그래서 그 비행은 웅장하면서도 아름답다.

콘도르의 비밀은 날갯짓이 아니라 활공에 있다. 콘도르는 끊임없이 날개를 퍼덕이지 않는다. 대신 넓고 긴 날개로 공기를 담아 양력을 극대화한다. 그리고 스스로 하늘을 밀어 올리려 애쓰기보다, 이미 하늘에 존재하는 상승기류를 탄다. 햇볕에 데워진 지면에서 따뜻한 공기기 위로 솟아오를 때, 콘도르는 그 보이지 않는 흐름을 감지해 원을 그리며 올라간다. 그렇게 몇 시간 동안 거의 날갯짓을 하지 않고도 높은 고도에 도달한다. 더 나아가 콘도르는 평지에서 억지로 이륙히지 않는다. 절벽이나 산등성이처럼 이미 높은 곳에서 비행을 시작한다. 처음부터 유리한 고도를 확보함으로써, 최소한의 힘으로 최대의 비행을 가능하게 한다.

이 콘도르의 비행 원리는 기독교인 경영자에게 매우 깊은 통찰을 준다. 많은 경영자가 사업과 조직을 이끌면서 끝없는 날갯짓을 한다. 더 많은 정보, 더 많은 회의, 더 많은 전략, 더 많은 통제와 관리로 모든 것을 해결하려 한다. 물론 노력은 중요하다. 그러나 노력만으로는 감당할 수 없는 무게가 있다. 사업의 무게, 조직의 무게, 사람의 무게, 그리고 책임의 무게는 개인의 지혜와 경험만으로 들어 올리기에는 너무 크다.

자력 경영은 마치 땅 위에서 날갯짓만 반복하는 새와 같다. 스스로의 능력을 신뢰하고, 더 세게 퍼덕이면 언젠가는 날 수 있을 것이라 믿는다. 그러나 그렇게 잠시 떠오를 수는 있을지 몰라도 오래가지 못한다. 에너지는 소진되고, 실패의 낙차는 더 커진다. 특히 기독교인 경영자가 이 길을 선택할 때, 문제는 단지 경영 성과에 그치지 않는다. 신앙과 삶이 분리되고, 하나님은 주일의 고백으로만 남으며, 평일의 경영은 전적으로 자기 힘에 맡겨진다.

콘도르는 다른 선택을 한다. 자기 한계를 정확히 안다. 그래서 불필요한 날갯짓을 멈춘다. 그리고 자신보다 큰 힘, 이미 존재하는 기류에 몸을 맡긴다. 이것이 기독교인 경영자가 배워야 할 '타력 경영'의 핵심이다. 타력 경영은 무책임이나 방관이 아니다. 오히려 더 깊은 분별과 순종을 요구한다. 무엇이 하나님의 바람인지, 어느 방향에서 기류가 불어오는지를 민감하게 감지해야 하기 때문이다.

콘도르가 날개에 공기를 담듯, 기독교인 경영자는 말씀과 기도로 자신의 영적 날개를 넓혀야 한다. 말씀은 방향을 잃지 않게 하고, 기도는 하나님의 기류를 감지하게 한다. 말씀 없는 결단은 독단이 되기 쉽고, 기도 없는 전략은 교만으로 흐르기 쉽다. 또한 콘도르가 상승기류를 타듯, 경영자는 하나님의 뜻과 인도하심 위에 결정을 올려놓아야 한다. 모든 기회가 하나님의 기회는 아니며, 모든 확장이 하나님의 뜻은 아니다. 때로는 멈추는 것이, 내려놓는 것이, 기다리는 것이 하나님의 기류를 타는 길일 수 있다.

또 하나 중요한 교훈은 출발 지점이다. 콘도르는 낮은 평지에서 억지로 날아오르지 않는다. 높은 곳에서 시작한다. 기독교인 경영자에게 이 높은 곳은 거룩한 비전과 선한 목표다. 단기적 이익이나 개인적 성공이 아니라, 하나님 앞에서 부끄럽지 않은 목적 위에서 사업을 시작할 때 비행은 전혀 다른 차원으로 올라간다. 비전이 높을수록 기류는 더 분명해진다.

지금 당신은 어떤 상태인가. 무력감에 빠져 있는가. 아무리 애써도 상황이 나아지지 않아 의미 없는 날갯짓만 반복하고 있는가. 아니면 자신감에 차서, 이번 전략만 성공하면 모든 것이 해결될 것이라 확신하고 있는가. 성경적 관점에서 보면 두 태도 모두 위험하다. 전자는 하나님을 신뢰하지 못하는 절망이고, 후자는 하나님 없이도 날 수 있다고 믿는 교만이다.

기독교인 경영자의 길은 그 중간 어딘가가 아니다. 그것은 전혀 다른 차원의 선택이다. 나의 한계를 인정하고, 하나님의 능력을 신뢰하며, 성령의 바람에 나의 사업과 조직을 맡기는 길이다. 이것이 수많은 선배 크리스천 경영자들이 실패와 성공을 모두 통과하며 공통적으로 얻게 된 결론이다.

이제 헛된 날갯짓을 멈추라. 날개를 접으라는 말이 아니다. 오히려 더 넓게 펴되, 스스로 하늘을 밀어 올리려 하지 말라는 뜻이다. 하나님의 기류를 타고 높이 오르고 멀리 날아가라. 힘을 과시하지 않고도, 소리를 지르지 않고도 콘도르처럼 조용하고 아름답게 비행하라.

사업하는 예수쟁이

1판 1쇄 발행 2026년 3월 5일
1판 2쇄 발행 2026년 3월 13일

지은이 이강락

펴낸이 최준석
펴낸곳 한스컨텐츠
주소 경기도 고양시 일산서구 강선로 49, 404호
전화 031-927-9279 **팩스** 02-2179-8103
출판신고번호 제2019-000060호 **신고일자** 2019년 4월 15일

ISBN 979-11-91250-17-6 03230

ⓒ 이강락, 2026